KB058507

정선

D

대한민국 도슨트
한국의 땅과 사람에
관한 이야기

10

정선

강기희 지음

21세기북스

정선아리랑 열차

차례

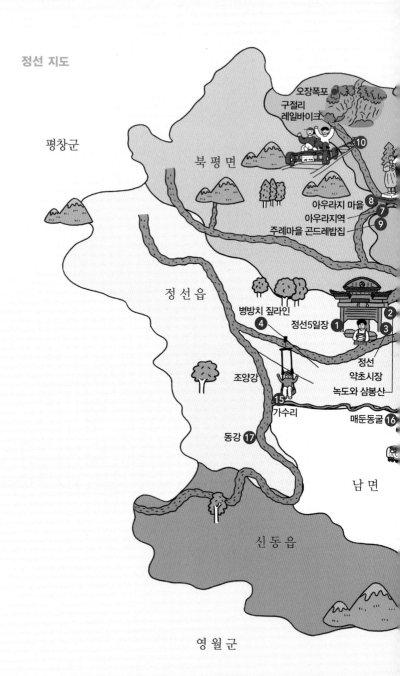

정선 지도

평창군

북평면

오장폭포
구절리
레일바이크

아우라지 마을
아우라지역
주례마을 곤드레밥집

정선읍

병방치 짚라인

정선5일장

정선
약초시장

녹도와 삼봉산

조양강

가수리

동강

매둔동굴

남 면

신동읍

영월군

강릉시

임 계 면

동 해 시

여 량 면

삼 척 시

11 구미정

5 덕산기 계곡

13 화암동굴

화 암 면

6 덕우리
대촌마을

용마소 ● ● 화표주

● 거북바위

12
화암약수

소금강 ●

● 광대곡

정선아리랑 열차

14 몰운대

사북탄광 임길택 시비

18
무은담

19 **22**

21

강원랜드와 카지노

삼탄아트마인

● 화절령

20

사 북 읍

정암사(수마노탑) **23**

24 적조암

고 한 읍

태 백 시

25

함백산 만항재

정선은 정선 사람들의 삶의 공간이자 여행자의 공간이다. 정선을 여행하는 여행자들은 태곳적부터 현재에 이르기까지 정선의 천지인(天地人)이 만들어낸 독특한 문화를 만나게 된다.

정선은 〈정선아리랑〉을 굳이 언급하지 않아도 시를 품고 있는 곳이라 시인의 땅처럼 보인다. 하지만 '큰 이야기 자잘한 이야기가 얼마나 많은데' 하고 생각하면 시인보다 소설가의 영역처럼 느껴지기도 한다. 대한민국에서 한 지역을 무대로 쓴 작품이 정선만큼 많은 곳도 없다. 그만큼 보고 듣고 할 이야기가 많다는 것이니 정선은 복 받은 동네다.

이 책을 '토박이 소설가가 쓴 정선 기행'이라 하자. 아니 '강기희 작가와 함께하는 정선인문 여행'이라고 해도 되겠다. 기행이든 인문 여행이든 정선 사람과 풍경 그리고 정선만의 역사와 문화, 예술이 이 책의 곳곳에 녹아 있으니 뭐든 좋겠다.

정선 하면 도회적 감성보다는 막장을 끓이고 있는 뚝배기가 떠오르거나 화롯불에 올려진 청국장이 뽀글뽀글 끓는 느낌이 들거나 올동백(올동박)을 따는 아우라지 처녀의 이름도 정선이었을 것 같다.

어머니의 품 같은 또는 마음의 고향같이 푸근한 생각이 자꾸만 들어서 슬며시 눈물을 짓게도 만드는 정선. 지상에 낙원이 있다면 그곳이 어쩌면 정선이 아닐까 하는 마음에 저도 모르게 자주 찾게 된다는 누군가의 말처럼, 정선은 어딜 가나 무궁한 절경이 넘치고 또한 가는 곳마다 아리랑(아라리) 절창이 흐른다. 어딜 가도 아라리 가락이 아득하게 울려 퍼지는 정선으로의 여행, 지금부터 시작해 보자.

임자 당신이 정선에 왔다가 그저 간 줄 알아도
콧노래 흥얼거릴 때 정선아라리 묻어 나오네
– 〈정선아리랑〉 중에서

정선 덕산기에서
강기희

동강 나리소

물첩첩 산첩첩,
〈정선아리랑〉이
흐르는 곳

"무릇 나흘 동안 길을 걸었는데도 하늘과 해를 볼 수 없었다."

조선시대 실학자 이중환은 정선을 여행한 이후 자신의 저서 『택리지』에서 정선을 이렇게 표현했다. 그 시절 정선을 다녀간 어떤 이는 "정선의 하늘이 손바닥"만 하다고 했고, 누구는 "정선의 산과 산에 빨랫줄을 걸어도 될 정도"라고도 했다.

다 맞는 말이다. 백두대간이 만든 정선의 산은 가파르기가 이를 데 없고 빽빽한 나무로 인해 하늘 또한 손바닥만 하여 어떤 계절은 북두칠성이 절반밖에 보이지 않는다. 정선은 행정구역상 서울의 두 배 반이나 되는 너른 면적을 가졌지만 70%가 험준한 산지로 이루어졌으니 자연스러운 표현일 것이다.

산과 산이 맞닿아 있기에 골 또한 깊은 정선. 골짜기에선 맑고 시원한 물이 쉼 없이 흘렀고, 그 물은 작은 내를 이루어 흐르다가 정선 읍내에서 조양강이라는 이름을 얻었다. 정선의 젖줄인 조양강은 가수리에서 지장천을 만나면서 동강이 된다. 동강은 다시 구불구불 흘러 미탄을 지나 영월로 흘러드는데, 주천강이 이름을 바꾼 서강과 합수하며 남한강이 된다.

남한강은 단양과 충주를 지나 여주에 이르러서는 섬강을 만나면서 여강이라는 이름을 얻는다. '여강'은 잠시뿐 여주를 떠난 물은 다시 남한강이 되어 흐르다 양수리에서 인제와 춘천에서 흘러온 북한강을 만나며 비소로 '한강'이 된다. 서울을 적시며 흐른 한강은 서해로 스며들면서 민물로서의 생을 마감하는데, 정선 골짜기에서 샘솟은 계곡물의 여정도 거기에서 마무리된다.

정선에는 사람이 언제부터 살았을까

산세가 웅장한 정선은 석회암 지질이 지나가는 곳으로 4억 5천만 년 전에 생성되었다는 모암층과 2억 5천만 년 전의 역암층이 만들어지면서 현재의 형태를 갖추었다. 당시 역암층이 만들어지면서 생성된 쥐라기역암이 천연기념물(556호, 정선읍 봉양리 강변에 군집)로 등재될 정도로 정선은 원시 그대로의 모습이 잘 보존되어 있다.

그렇다면 정선에는 사람이 언제부터 살았을까. 정선 땅에 인류가 살았던 흔적은 3만 7천 년 전으로 거슬러 올라간다. 백 년도 못 살면서 천년의 근심을 지니며 사는 요즘 사람들에게 3만 7천 년이라는 시간은 어림잡기도 힘든 긴 역사다. 그 시절 정선 사람들은 대체 무엇을 하며 살았을까 늘 궁금했는데, 몇 해 전 의문을 풀 수 있는 유물이 발견되었다.

그 역사적 현장은 강원도 정선군 남면 낙동리 절벽에 있는 매둔동굴이다. 동굴 바닥은 모두 세 개의 층으로 이루어져 있으며, 맨 위층과 두 번째 층에서는 돌칼, 화살촉, 그물추, 낚시바늘 등 청동기시대 유물과 신석기시대 유물들이 쏟아져 나왔다. 학계의 주목을 끈 건 맨 아래층이었다. 발굴 결과 날카로운 돌로 만든 '밀개' 등의 유물이 출토되었는데, 밀개는 3만 7천 년 전 후기 구석기시대의 유물로 밝혀졌다.

동굴이어서 가능한 일이겠지만 각기 다른 층을 이루며 발견된 유물들은 그 시대의 생활상을 복원할 수 있는 매우 중요한 자료들이다. 매둔동굴은 지장천을 끼고 있는 절벽에 위치한 동굴로 사람이 거주하기엔 맞춤한 크기와 장소이며 사람이나 동물 등 외부 침탈로부터 안전한 최적의 공간이기도 했다. 인류의 주거지로 사용된 매둔동굴의 출토 유물로 보면 그 시대 정선 사람들의 주된 생활은 수렵과 천렵임을 알 수 있으며 동굴에서 나무와 숯 등이 발견된 점으로 보아 난방은 물론 불로 조리한 음식을 섭취했으리라 짐작할 수 있다.

정선 인류에 대한 또 다른 이야기도 있다. 매둔동굴에서 구석기시대 유물이 발견되기 몇 해 전의 일이었다. 여량 아우라지에서 집터와 석관묘, 사람 뼈 등이 다량 발견되어 학계를 발칵 뒤집었던 사건이 있었다.

아우라지에서 발굴된 유물들은 남한강 수계에서 발견된 최초의 신석기시대 주거 유물로 인정되었는데, 놀라운 것은 아우라지 고인돌에서 출토된 사람 대퇴골을 분석해 보니 우리 조상이 아니라 백인 형질의 유골이라는 것이다. 한반도에 4만 5천여 기나 되는 고인돌 중에서 백인으로 추정되는 유골이 처음 발견되었으니 고고학계에서는 기함을 했다.

발굴 당시만 해도 백인 유골이 영국인으로 추정된다는 보도가 줄을 이었다. 몇 해가 지난 지금까지 확인된 바는 없지만 백인 유골이 한반도 하고도 정선 땅에서 발견되었다는 사실만으로도 정선의 인류 역사는 주목받을 만했다.

정선에 인류가 살았던 흔적은 한강 수계인 동강변 마을에 많이 분포되어 있다. 신석기시대 유적은 고성리 바위그늘과 덕천리 소골 등에 있고, 청동기시대 유적은 제장마을 고인돌

매둔동굴 돌칼, 화살촉, 그물추, 낚시바늘 등 신석기, 청동기 시대 유물이 쏟아져 나왔다. 맨 아래층에서 발견된 날카로운 돌로 만든 밀개는 3만 7천 년 전 후기 구석기시대의 유물로 밝혀졌다. 각기 다른 층을 이루며 발견된 유물들은 그 시대의 생활상을 복원할 수 있는 매우 중요한 자료들이다.

과 굴암리 고인돌이 있으며, 철기시대 유적은 가수리와 용탄 등의 마을에서도 발견되었다.

근현대 사람들이 생활의 편리성을 위해 도로변에 집을 지었듯 호랑이가 담배 피우던 시절에 살던 사람들은 식수와 먹거리가 풍부한 강과 산을 끼고 살았다. 매둔동굴처럼 강변 절벽에 있는 동굴에 거주한다면 그 조건만으로도 누구나 부러워했을 테고, 그 동굴에 물까지 졸졸 흘러준다면 금상첨화였을 것이다.

정선에 3만 7천 년 전부터 사람이 살았다고 하는 전설 같은 이야기는 물이 풍부했기에 가능한 일이었다. 확인할 순 없지만 어쩌면 그 이전부터 사람은 살았을 테고, 그들은 낙원과도 같은 정선의 수려한 산과 강에서 동물을 사냥하고 물고기를 잡으며 인류의 역사를 이어왔을 것이다. 앞선 사람들이 가족을 만들고 부락을 만들며 대를 이어오고 있는 동안 힘센 부족이 탄생되고 국가가 만들어지면서 정선 사람들의 평화로운 일상은 깨졌다.

깨어진 원시의 평화

정선이 역사 속에 등장하는 시기는 삼한시대이다. 『세종실록』 지리지에 "강원도는 본래 예맥의 땅인데 후에 고구려의 소유가 되었다"라는 기록으로 보아 정선도 예맥국의 영토였다는 것을 알 수 있다. 실제로 정선 가리왕산(1560m)에는 맥국의 갈왕이 갈왕산으로 피신하여 궁을 짓고 살았다는 전설이 있다.

갈왕산이라는 산명(山名)이 만들어진 연유가 갈왕에 의해서였고, 산 중턱엔 실제 갈왕이 지냈다는 궁궐터가 있다고 하니 그 또한 사실로 믿어야 할 듯싶다. 이후 갈왕산은 일제강점기를 거치면서 葛(갈)이라는 한자 표기를 사용하는 데 어려움을 느낀 일제가 지금의 가리왕산(加理王山)으로 산 이름을 바꿨다.

정선이 역사에 본격적으로 기록되는 시기는 삼한시대 이후부터이다. 고구려 영토에 속한 정선은 668년(고구려 보장왕 27년)에 산세와 물이 좋은 고장이라는 뜻으로 잉매(仍買)현이라는 지명을 얻었다. 삼국통일 이후 757년(신라 경덕왕 16년)에 명주군 정선현이 되었다가, 940년(고려 태조 23년)에는 팔공산 전투에서 왕건을 도운 전이갑, 전의갑, 전락 삼형제가 태어난 고장이라 하여 삼봉군으로 승격되었다. 이후 1018년(고려 현종 9년)에는 주진군으로 개칭되었고, 1291년(고려 충렬왕 17년)에 도원군, 1310년(고려 충선왕 2년)에는 침봉군으로 바뀌었다가 1353년(고려 공민왕 2년)에 지금의 지명인 정선(旌善)군으로 환원되었다. 이후 1895년 강원도에서 충청도 충주부 관할로

이전되었던 정선군은 1896년 다시 강원도에 편입되면서 지금
에 이르고 있다.

지난 역사를 살펴보면 정선을 지배하는 국가 혹은 왕이 바
뀔 때마다 정선의 지명이 개칭되었다. 더불어 군 소재지도 남
면이 되었다가 가리왕산 자락인 회동이 되었다가 화암면 풍촌
지역으로 옮겨 다니는 등 시대적 부침이 많았다.

정선에 사람이 살기 시작한 이래 국가가 만들어지면서 제
도가 생겼고, 사람들은 통제를 받기 시작했다. 사람이 사람을
강제하는 사이 전쟁과 변고는 이어졌고, 정선에도 고성산성
을 비롯해 애산산성, 장찬성 같은 방어 시설이 생겨났다.

아리랑박물관 정선에서는 아리랑을 아라리라고 부른다. 〈정선아라리〉는 7천~8천여 수가
전해지고 있다고 한다. 아리랑박물관에는 대한민국 무형문화재이자 유네스코 인류무형문화
유산인 아리랑과 관련된 6백여 점의 유물과 각종 음반이 전시되어 있다.

삶의 소리, 민중의 소리 〈정선아라리〉

애환이 생기면 한탄은 본능적으로 나왔다. 사람들은 전쟁을 통해서 혹은 그 시절 완장 찬 사람들의 악행을 견디며 삶과 죽음이 그리 멀지 않음을 하나씩 알아 나갔다. 구한말 동학 농민군이 정선에서 떼죽음을 당할 때나 일제에 항거한 의병이 왜군의 총탄에 쓰러질 때나 6·25전쟁 때에도 죽음은 늘 삶보다 가까웠고, 보복이 두려운 사람들은 그저 죽은 듯 살았다.

할 말이 있어도 하지 못하던 숱한 시절, 정선 사람들의 입에선 통곡 대신 〈정선아라리〉가 흘러나왔다. 전쟁통에 가족이 죽어도 아라리를 불렀고, 시부모 타박에도 한탄 대신 〈정선아라리〉를 불렀다. 그렇게 입에서 입으로 전해진 〈정선아라리〉는 수백 년 아니 수천 년을 이어왔다.

정선 사람들은 〈정선아리랑〉을 〈정선아라리〉라 한다. 이런저런 자리에서 "여보게, 아라리 한 자락 해봐!" 하는 식이다. 〈정선아라리〉는 태생이 노동요에다 민요이다 보니 누가 언제 만들었는지에 대한 기록은 없다. 학자들이야 논문을 쓰면서 역사적 시점을 따지며 각종 학설을 만들어내지만 그야말로 '설(說)'일 뿐이다.

〈정선아라리〉는 구전민요로 사람의 입에서 입으로 전해진 민중의 소리인데, 정해진 가락에 두 줄짜리 가사를 붙이면 아라리가 된다. 누구나 '되고 말고 가사를 찍어다 붙이면 되는 소리', '억압받던 민중의 소리', '속울음 삼키며 부르는 한의 소리'가 〈정선아라리〉다 보니 배움이 있거나 없거나 남녀노소 상관없이 불렀다. 정선 사람들이 태어나자마자 듣는 소리는 아라리 가락으로 만든 자장가였다. 아이들은 아라리 자장가를 들으며 잠이 들었고, 그렇게 성장했다.

정선에서 만들어진 소리는 물길을 따라 아랫마을로 흘러갔고, 그 소리는 때로 〈평창아리랑〉이 되었다가 〈영월아리랑〉이 되었다가 〈인제아리랑〉이 되기도 했다.

정선은 고향 같아요!

사람들은 살다가 힘이 들거나 마음이 허전할 때는 여행자가 되어 정선으로 훌쩍 오곤 하는데, 정선을 왜 오느냐고 물으면 다들 "정선은 고향 같아요!"라고 말한다.

도시 인구가 4천만 명에 육박한 대한민국에서 고향 이야기를 다루거나 자연을 다룬 프로그램들이 인기를 끌고 있는 이유 또한 고향에 대한 또는 잊고 사는 것에 대한 향수 때문일 것이다. 그러한 향수를 간직하고 있는 정선이 고향처럼 느껴지는 것은 어쩌면 당연한 일일지도 모른다.

내가 청춘이던 시절만 해도 고향이 정선이라고 하면 다들

"정선이 어딘데?" 하고 물어 정선을 설명하는 데 곤란을 많이 겪었다. 다들 도시를 동경하던 시절의 이야기인데, 지금은 정선이 고향이라고 하면 좋은 곳에서 태어났다며 부러워하는 세상이 되었다.

고향이라는 것은 봄날 아련하게 피어오르는 아지랑이 같다고 했던가. 도시인들은 정선을 목포보다도 부산보다도 먼 거리에 있는 고장이라고 생각한다. 서울에서 정선까지 고작 5백 리 남짓인데 수천 리나 떨어진 곳으로 느끼는 근저에는 '정선' 하면 잃어버린 고향을 다시 찾아가는 듯한 느낌이 들기 때문일 것이다.

정선에 오면 구성진 아라리가 있고 어머니 품처럼 변하지 않은 마음이 있고 정선 사람들이 만들어낸 특별한 음식과 풍경이 있다. 훌쩍 떠날 곳을 찾는다면 이제라도 정선을 '즐겨찾기' 해놓고 언제든 오시라. 정선에는 잃어버린 우리의 고향이 있다.

정선같이 살기 좋은 곳 놀러 한번 오세요
검은 산 물밑이라도 행화꽃이 핍니다
아리랑 아리랑 아라리오
아리랑 고개 고개로 나를 넘겨 주게

— 〈정선아리랑〉 가사 중에서

01

정선5일장
옛 정선 거리와 활기찬 장터

1970년대 정선 읍내에는 극장이 세 개나 있었다. 정선이 작은 시골 마을이라는 점을 생각하면 결코 적은 숫자는 아니었다. 하지만 간이건물로 지어진 '비봉극장'이 문을 닫은 후에는 그 '평화극장'과 '정선극장'이 남았다. 볼거리 없고 즐길 것 없던 시절이라 극장은 늘 인기가 좋았다. 연예인이 쇼라도 하는 날이면 그 모습을 보려고 온 동네가 와글거렸다. 인기 프로가 상영되는 날엔 영화 한 편을 보기 위해 극장 앞에 줄을 섰고, 돈이 없던 아이들은 어른들의 손을 잡고 그 집 자식인 양 따라 들어가 무료로 영화를 보기도 했다.

극장이 있던 자리에 생긴 장터

정선 사람들을 울고 웃게 만들던 극장은 1980년 초 무렵 두 곳 다 문을 닫았다. 평화극장이 사라진 자리엔 〈정선아리랑〉 시장 장터 공연장과 공중화장실이 들어섰고, 정선극장은 정선농협 건물로 바뀌어 지금까지 존재한다. 먼저 문을 닫은 비봉극장은 정선읍사무소 인근 향군회관 건물 자리쯤이니 정선도 많은 변화를 겪었다.

극장이 있던 시절 평화극장 옆엔 철조망이 쳐진 옹기점이 있었다. 겹겹이 쌓아 놓은 옹기는 김장철이 되면 다 팔려 나갔

정선5일장 지금처럼 비를 가리기 위한 지붕은커녕 파라솔조차 없던 시절, 정선 장터는 비가 오나 눈이 오나 인산인해였다.

고, 옹기점 옆엔 천일철공소가 있어 그 앞을 지날 때면 늘 지직거리는 소리와 함께 용접 불꽃이 타다닥 튀었다. 세월이 흘러 옹기점과 천일철공소가 철거된 자리엔 상점들이 들어섰고, 지금의 정선 장터 동문 일대가 그곳이다.

매달 끝자리가 2일과 7일에 서는 정선5일장은 세월이 흘러 '정선아리랑 시장'으로 명칭이 바뀌었지만 사람들은 지금도 '시장'이라는 도시적 말보다는 시골스러운 '장터'라는 말을 더 즐겨 쓴다. 정선군 인구가 14만을 넘기던 시절만 해도 인근의 임계장과 동면장 등 장이 마을마다 섰지만 그중에서도 가장 큰 장은 정선장이었다.

지금처럼 비를 가리기 위한 지붕은커녕 파라솔조차 없던 시절, 정선 장터는 비가 오나 눈이 오나 인산인해였다. 읍내로 향하는 기차나 버스는 늘 승객으로 가득했으며, 장터는 활기로 넘쳤다. 장터를 걷다 "사돈댁 장에 왔소" 하며 반갑게 상대방을 이끌고 식당으로 들어가는 풍경은 지금 생각해도 정겹기만 하다. 지나가던 사람을 억지로 끌어다 밥 한 끼라도 먹이던 시절의 이야기라 더 아련하다.

정선 장터의 위기

1990년대 들어 정선 일대의 탄광들이 문을 닫기 시작했다. 광부들을 실어 나르던 통근버스는 운행을 멈추었고, 막장에서 탄을 캐던 사람들은 하나둘 대처로 떠났다. 사람들이 떠나자 정선장은 내리막길을 탔다. 그 이후 "양미리, 도루메기(도루묵)가 한 바께쓰에 5백 원!"이라고 소리치던 장꾼이 사라졌고, 사람들 틈을 비집으며 "아이스케키! 십 원에 두 개!"를 외치던 빡빡머리 어린 학생의 모습도 보이지 않았다.

모든 게 정지된 듯 고요했던 정선 장터. 장터를 찾는 사람이 없으니 곤드레 같은 산나물을 뜯어 와도 팔리지 않았고, 두릅이나 고사리를 꺾어 와도, 잘 키운 더덕이나 도라지를 장에 펴놓아도 팔리지 않았다. 사람이 떠나간 1990년대 중반의 일이다.

정선의 인심까지 사라질 뻔했던 위기는 그렇게 몇 해 지속되었고, 대반전은 1999년이 되어서야 시작되었다. 승객이 급격하게 줄면서 정선선 기차마저 운행을 중단하려던 그 시기, 사람들은 뭔가 대책을 만들어야 한다며 목소리를 높였다. 그렇게 하여 만들어진 것이 '정선아리랑 열차'였는데, 기차도 살리고 장터도 살릴 수 있는 묘책이었다.

정선아리랑 열차의 등장

봄이 되자 정선 장터를 향해 오는 '아리랑 열차'가 운행되기 시작했다. 아침 시간 청량리역을 출발하여 점심 무렵 정선역에 도착하는 장날 기차는 승객을 가득 싣고 정선으로 향했고, 정선 사람들은 승객들을 극진하게 환영했다.

"어서 와요! 웰컴 투 정선!"

열차에서 내린 이들에게 정선은 천상의 땅처럼 아름다웠고, 떠나온 고향처럼 푸근했다. 그들이 머무는 동안 장터는 예전처럼 왁자해졌고, 난전에 펼쳐 두었던 산나물도 금방 동이 났다.

2005년 평화극장 건물을 헐고 그 자리에 주차장이 들어섰다. 보도블록을 깐 자리에 흰 선이 그어지고 스톱바도 설치했다. '장터에 웬 주차장?'이라는 생각이 들었다. 금싸라기 같은 공간에 주차장을 만들 생각을 했다는 게 우스워 공연을 할 수 있는 문화광장이라는 이름을 붙이자고 했다. 하지만 행정은 말을 듣지 않았다.

하는 수 없이 2006년 봄, 주차장인 그 공간에서 퍼포먼스와 노래 공연이 있는 행사를 했다. 보란 듯 진행한 행사는 나름 성공적이었고 그 이후 주차장이 철거되고 현재의 공연장으로 바뀌었다. 우리가 내걸었던 대형 현수막 자리엔 정선을 홍보하는 그림이 붙었고, 지금은 조명에다 지붕까지 설치한 전문 공연 행사장으로 변모했다.

공연장이 된 평화극장 자리는 장날이면 신명 나는 공연이 펼쳐지는데, 오전 오후 하루 두 번 〈정선아리랑〉 소리공연과 가수공연 등이 봄부터 늦가을까지 이어진다. 시골 장터에서만 볼 수 있는 풍경에 잠시 걸음을 멈추는 일, 여행의 참맛이다.

옛 모습 찾아 걷는 재미가 있는 정선 거리

정선파출소 앞에 있는 쌀 가게 '풍년상회'는 간판만으로도 역사를 짐작하게 만드는 곳이다. 친구네 집이기도 하여 노모께 언젠가 "간판 바꿀 계획이 있으시면 지금 간판 제게 주세요"라고 했더니, 그럴 생각이 없다고 했다.

추억 찾기 버킷리스트가 있다면 가장 먼저 정선으로 여행을 오는 것을 권한다. 장터를 한 바퀴 돈 후 풍년상회 같은 곳을 찾아 보리쌀 한 됫박 사면서 추억까지 덤으로 얻는다면 여행의 즐거움은 더욱 커지게 된다.

느리게 걸어도 눈치 볼 일 하나도 없는 정선에서 반가운 건물이 있다면 '백양다방'이다. 1970년대 모습을 여전히 간직하고 있는 백양다방은 지금은 사라진 양지다방과 함께 한때 정선의 명물이었다.

백양다방에 가면 가수 최백호의 노래 〈낭만에 대하여〉가 먼저 떠오른다. 가사에 나오듯 "그야말로 옛날식 다방에 앉아

정선아리랑 열차 1990년대 들어 정선 일대의 탄광들이 문을 닫기 시작하며 사람들이 떠나자 정선5일장도 내리막길을 탔다. 정선선 기차마저 운행을 중단하려던 그 시기, 위기의 타개책으로 만들어진 것이 정선아리랑 열차였다. 기차도 살리고 장터도 살릴 수 있는 묘책이었다.

정선5일장 장터공연

〈정선아리랑〉소리공연과 가수공연 장날이면 신명 나는 공연이 펼쳐지는데, 오전 오후 하루 두 번 〈정선아리랑〉소리공연과 가수공연 등이 봄부터 늦가을까지 이어진다. 시골 장터에서만 볼 수 있는 풍경에 잠시 걸음을 멈추는 일, 여행의 참맛이다.

도라지 위스키 한잔…"이 생각 나는 백양다방은 지금도 헤어진 첫사랑을 만날 듯한 풍경이지만, 기실 다방에서 볼 것은 한쪽 벽에 만들어 놓은 예술 작품이다. 낡은 문을 열고 들어가면 가장 먼저 보이는 것이 벽을 이용한 작품 한 점인데, '시골 다방에 이런 작품이?'라고 할 정도의 대작으로 정선에서는 가히 문화재급이다.

백양다방을 나와 길을 조금 걸으면 사거리가 나오고 모퉁이에 '원주쌀상회'가 있다. 아직도 늙은 짐바리 자전거로 쌀자

풍년상회 정선파출소 앞에 있는 쌀 가게 풍년상회는 간판만으로도 역사를 짐작하게 만드는 곳이다. 풍년상회나 원주상회는 지금도 옛 모습을 간직하고 있어 사진작가나 화가들이 작품 소재로 많이 활용한다.

루를 배달하는 원주상회의 간판 또한 장터에 있는 풍년상회만큼이나 오래되었다. 풍년상회나 원주상회는 지금도 옛 모습을 간직하고 있어 사진작가나 화가들이 작품 소재로 많이 활용하는데, 지금은 정선을 대표하는 풍경이 되었다.

원주상회를 지나 읍사무소 방향으로 조금 걸으면 '정선성당'이 있음을 알리는 표지석이 보인다. 화살표를 따라 좁은 골목으로 100m쯤 들어가면 성당이 나타나는데, 천주교 원주교구에 소속된 정선성당이다. 그리 넓지 않은 마당엔 성모마

리아상이 있고 건물로 들어가면 본당이 나온다. 본당은 소박하면서도 엄숙하고 엄숙하면서도 아름다워 나무 의자에 앉아 있는 것만으로도 지친 영혼에겐 위로가 된다. 정선성당은 1957년 미군들이 사용하던 건축자재로 건립된 성당이었지만, 1974년 낡은 건물을 헐고 다시 지었다고 한다.

순교자 이승훈의 손자 이재의가 신유박해 때 정선으로 숨어들면서 시작되었다는 정선 천주교 역사. 그런 역사 때문인지 김대중 대통령도 대통령 당선 직전인 1997년 12월 정선성당을 조용히 찾아 미사를 올렸다. 사형선고까지 받았던 김대

원주상회 아직도 낡은 짐바리 자전거로 쌀자루를 배달하는 원주상회의 간판. 풍년상회와 더불어 정선을 대표하는 풍경이 되었다.

중 대통령의 세례명은 '토머스 모어'였다. 영국 단두대에서 목이 잘린 토머스 모어는 시대의 양심이었다. 그래서인지 김대중 대통령과 토머스 모어의 만남은 결코 우연의 일치는 아닌 듯싶다.

박해를 피해 정선으로 숨어든 이승훈의 손자 이재의와 김대중 대통령, 그리고 이상향 『유토피아』의 저자이기도 한 성인 토머스 모어. 이들이 남긴 정의와 평화의 정신을 만날 수 있는 정선성당에서 고해를 해보는 것, 평생 잊지 못할 경험이 되지 않을까 싶다.

성당 인근에 있는 상유재(桑惟齋) 고택도 정선에서는 역사적 명소이다. 조선 초기에 지었다는 상유재는 정선 읍내에 남아 있는 유일한 한옥 건물이며 유형문화재로 등록되어 있다. 고등학교 다닐 무렵 담임선생님께서 하숙을 했던 집이어서 가끔 찾아갔던 기억이 있는 상유재는 당시만 해도 한옥숙박 스테이는 운영하지 않았다. 지금은 마당 한켠에 전통차를 마실 수 있는 찻집도 마련하여 여행객들을 맞이하는데, 소박한 마당엔 손수 키운 꽃들이 철마다 장관이다. 미리 예약을 하면 한옥에서 하룻밤을 묵을 수 있는 체험도 할 수 있는데, 정선에서는 귀한 경험이다.

02

녹도와 삼봉산
예나 지금이나 정선의 중심

역전마을은 1960년대까지만 해도 '녹도(綠島)'라고 불렀다. 송오리를 지난 조양강 물줄기가 두 갈래로 갈라지면서 수천 년 세월 동안 흙과 모래가 흐르는 물에 운반되어 쌓여진 땅, 벽지의 푸른 섬 녹도. 정선 사람들은 자갈밭이던 그 땅을 일구어 집을 짓고 강냉이와 감자 등을 심으며 살아왔다.

　광해군 3년(1611년) 당시 군수 한여징이 반점현 아래에 있던 정선 향교를 녹도 삼봉산(三峯山) 아래로 이전했다는 기록이 남아 있는 것으로 보아 녹도는 그 당시 정선 교육의 중심지 역할을 했다. 지금이야 읍부를 비롯한 각 마을이 제방을 쌓아 번듯한 마을이 되었다지만 당시만 해도 물첩첩 산첩첩에 비탈

땅뙈기만 있는 정선에서 녹도는 가장 너른 땅이었다. 정선 사람 80%가 화전민 출신임을 감안하면 너른 땅 녹도는 군침 생기는 곳임이 분명했다.

삼봉산과 도담삼봉

녹도에 얽힌 전설적인 이야기가 있는데 이참에 하고 넘어가자. 봉우리가 세 개라 삼봉이 된 삼봉산이 어느 해 대홍수로 떠내려갔단다. 얼마나 큰 홍수였기에 산이 떠내려갈까 의구심이 들겠지만, 아무튼 창졸지간 하루아침에 산이 사라졌다. 물이 잦아들자 정선 사람들은 "우리 삼봉을 찾으러 가보세" 하곤 삼봉산을 찾기 위해 길을 나섰다. 강줄기를 따라 며칠을 걸어도 삼봉은 나타나지 않았다. 포기할까 싶은 생각이 들 무렵 단양에서 삼봉산을 발견했다. 사람들은 단양 관아를 찾아갔다.

"저기 강에 있는 삼봉산은 정선 것이니 이제부터 산세(山稅)를 내시오."

정선 사람들은 그때부터 매년 가을 단양에 가서 산세를 받았다고 한다. 그렇게 몇 해 동안 산세를 받으러 가고, 단양 사람들은 산세를 주던 중이었다. 단양 사람들이 "더 이상 우리는 산세를 줄 수 없으니 차라리 삼봉을 가지고 가시오" 했단다. 아무리 궁리를 해도 삼봉산을 가지고 올 수 없었던 정선 사람들은 그 이듬해부터 단양행을 멈추었다고 한다. 그 삼봉이 지금의 단양 '도담삼봉'인데, 삼봉을 보러 많은 여행객들이 찾는 걸 보면 다시 산세를 받으러 가보는 건 어떨까 싶은 생각도 든다.

정선 동학농민군의 장렬한 최후

녹도는 정선에서는 보기 드문 대평원이다. 1895년 보국안민 척양척왜를 외치며 떨쳐 일어났던 정선 동학(東學)이 마지막으로 패한 전투도 '녹도전투'였으니 신무기가 없던 시절의 녹도벌은 '한판' 붙는 대결의 땅으로도 쓰였다. 하지만 농민군은 신무기로 무장한 왜군과 관군에게 처절하게 패했다. 당시 정선 농민군을 이끌던 이중집 장군 등은 강릉으로 압송되어 효수당했고, 지왈길 장군을 비롯한 많은 농민군은 녹도에서 효수당했다. 뼈아픈 패배로 정선 동학 농민군은 동력을 잃고 뿔뿔이 흩어졌다.

정선 평화의 소녀상 건립추진위원회는 정선 농민군 지도자 지왈길이 효수당한 날을 맞아 2020년 11월 25일 녹도 현장에 '정선 동학농민군 역사비'를 세웠다.

정선역 개통

수많은 동학군이 왜군에 의해 효수당했던 한의 땅이자 피의 땅이기도 했던 녹도. 어지간한 홍수야 견딘다 했지만 큰 홍수가 터지면 모든 게 쓸려나가고야 마는 야속했던 땅 녹도. 그랬던 녹도가 1967년 1월 20일 증산(지금의 민둥산역)에서 정선까지 이어지는 정선선 철도역인 정선역이 개통되자 일대 변혁의 시대를 맞이했다. 박정희 대통령이 직접 참석한 개통식은 한겨울 추위 속에서도 성대하게 치러졌다. 철길을 따라 정선역으로 들어오는 구간엔 행사용 대형 아치도 만들었다.

철길이 열린 이듬해인 1968년엔 시내와 녹도를 연결하는 정선 제2교가 개통되었다. 그때부터 녹도는 홍수의 위험으로부터 안전지대가 되었고, 집들도 여기저기 생겨났다. 철길과 다리가 생기자 녹도는 사람이 살아도 되는 마을이 되었으며 봉양리나 애산리라는 행정 지명이 혼재해 있는 것과 달리 마을 이름은 역전마을이 되었다.

녹도에서 역전마을로

그때부터 시내 사람들은 '녹도'를 버리고 '역전'이라는 말을 사용했는데, 지금도 다리 건너 마을을 '역전'이라 하며 어디 가냐 물으면 '역전 간다'라고 표현한다. '역전 어디?' 하고 재차

정선역 1967년 증산(지금의 민둥산역)에서 정선까지 이어지는 정선역 개통. 박정희 대통령이 직접 참석한 개통식은 한겨울 추위 속에서도 성대하게 치러졌다. "뻗어가는 철길에 내 고장 기름진다"와 같은 문구가 적혀 있는 당시 사진을 보면 철길이 주는 의미는 '지역의 발전과 성장' 이상의 것이었다.

물으면 '역전 앞에 간다'라고 하는데, 역전이 역 앞이라는 뜻이니 그 말이 우습기도 했다.

시내를 관통하는 거리에 아스팔트가 깔렸다. 내가 정선초등학교 다닐 때니 1970년대 초중반의 일이었다. 사람들은 비가 와도 질척거리지 않는 길이 신기했던지 석유 냄새가 은근하게 나는 그 길을 걷고 또 걸었다. 사람들은 '골탕'이라고 부르던 콜타르가 신발에 쩍쩍 들러붙어도 마냥 좋았고, 진창이나 먼지 없는 길은 쾌적했다. 가을날 나락 말리기 좋겠다는 생각도 들었다.

그 시절 일부러 포장길 구경에 나선 사람들도 적지 않았으니 아스팔트 길은 가히 혁명과도 같았다. 정선 최초의 아스팔트 길은 읍내 사람들의 삶의 질을 크게 향상시켰다. 덕분에 친구네 집이기도 했던 삼천리 자전차포가 바빠졌고, 집집마다 자전거 사 달라고 조르는 아이들이 많아졌다.

비포장 도로 시절만 해도 자전거는 막걸리 통이나 쌀 등을 옮기는 운반수단으로는 좋았으나 교통수단으로 큰 효과는 없었다. 신작로에선 속도를 낼 수 없었고, 펑크도 자주 났다. 하지만 포장길에서는 사정이 달랐다. 속도를 낼 수도 있었고, 짐을 싣고도, 친구를 뒷자리에 태우고도 가파른 언덕을 거뜬히 올랐다.

44

읍내에 포장길이 생긴 어느 봄날이었다. 지금의 태동관 자리쯤에 부라보콘 가게가 생겼다. 입에 닿기만 해도 사르르 녹는다는 부라보콘이었다. 유명 배우들이 등장한 당시 티브이 광고는 인기 만점이었으며, 광고는 누구나 먹고 싶게 만들었다.

"12시에 만나요 부라보콘. 둘이서 만나요 부라보콘. 살짝 쿵 데이트 해태 부라보콘!"

부라보콘의 CM송은 아이들이 골목에서 뛰어놀며 부르기까지 했는데 그 광고 상품을 정선에서도 맛볼 수 있다는 뉴스는 금방 온 동네에 퍼졌다. 하나에 백 원인 부라보콘은 아이들이나 학생들로서는 선뜻 사 먹기엔 부담스러운 가격이었으나 어쩐 일인지 불티나게 팔렸다. 1974년 당시 팥으로 만든 아이스케키 '하드'가 십 원에 한 개였고, 극장에서 영화 한 편 보는데 삼십 원 정도였다. 또 짜장면이 한 그릇에 백 원이었고, 극장에서 하는 코미디언 구봉서쇼나 이기동쇼, 가수 남진쇼 등의 쇼 입장료가 백 원이었다. 부라보콘은 다른 물가에 비해 엄청난 고가였음에도 가게는 늘 문전성시였는데, 그 이유는 도시적 감수성을 따라 하려는 심리였던 듯싶다.

수재민 주택촌

1970년대 들어 정선 지방엔 홍수가 잦았다. 정선 골짜기 여기 저기에서 살던 이들이 홍수로 한순간에 집을 잃었다. 갈 곳 없는 이들을 수용한 곳이 북실리와 역전마을이었는데, 규모는 역전마을이 더 컸다. 그 시절 역전은 홍수만 나면 집들이 생겨났고, 어느 해엔 수박밭이 사라지더니 어느 해엔 옥수수밭이 수재민 주택촌이 되었다.

수재민 주택은 시멘트 블록으로 뚝딱 지어졌다. 부엌은 시골집처럼 나무를 때는 아궁이를 넣었지만 실내는 거실과 신식 방으로 꾸며져 아이들이 좋아했다. 집은 번듯했으나 겨울은 난방이 안 되어 몹시 추웠다. 윗목에 둔 자리끼가 얼 정도였던 그 집들. 지금도 역전 가는 길 한쪽에 즐비하다.

그 시절 역전마을을 관통하는 길 양편엔 플라타너스가 가로수로 심겨 있었다. 숨바꼭질 하던 아이들이 숨기도 했던 제법 큰 나무였다. 여름이면 울창한 그늘을 만들어 주었고, 가을이면 아이들 얼굴을 덮고도 남을 만큼 큰 잎이 뚝뚝 떨어져 길가에 쌓였다. 바람이 불면 떨어진 낙엽들이 거리를 이리저리 떠돌다가 낮은 곳에 쌓이곤 했다. 가을비라도 내리는 날이면 그 모습이 낭만적이기도 하여 청춘들은 플라타너스 잎을 발로 차며 데이트를 즐겼다.

버즘나무라고도 하는 플라타너스는 줄기가 달린 추파춥스 사탕만 한 열매를 맺는데, 아이들은 그 열매를 빙글빙글 돌리며 친구들 머리를 통통 때리기도 했다. 먹을 게 없어 영양실조가 많던 그 시절, 다들 부스럼이 나서 버즘나무를 닮은 얼굴들을 한 아이들이 거리를 뛰며 놀던 시절이었다.

그러던 어느 해 플라타너스 가로수가 베어졌다. 그 후 낭창낭창한 가지 흩날리는 모습이 아름답던 능수버들이 심겼고, 능수버들이 베어지더니 은행나무가 심겼고, 은행나무마저 베어진 거리엔 푸른 소나무가 가로수로 심겼다.

추억의 안보 풀빵

1970년대 중반 정선에서 유명했던 '안보 풀빵' 집이 있던 역전. 정선에서 쌀로 만든 뻥튀기 가게가 가장 먼저 생겼던 마을 역전. 시내보다 다방과 여인숙이 많았고, 막걸리 니나놋집이 많아 술집 작부들이 걸핏하면 한복을 벗어 던지며 술 취한 손님들과 싸우던 역전. 수재민 주택이 들어서면서 유독 가난한 집이 많았던 역전. 가난 때문에 학교 가기 싫다며 기차 타고 서울로 간 아이들이 유독 많았던 역전.

이런 모든 일들을 옆에서 지켜보며 자랐던 나는 돈만 생기면 안보 풀빵 집을 드나들었고, 인근에 있던 뻥튀기 집을 쥐가 풀방구리 드나들 듯 들락거렸다. 한 숟가락도 안 되는 찐쌀로 만든 뻥튀기는 부라보콘처럼 입 안에 넣으면 살살 녹았다. 그 뻥튀기를 입에 물곤 손을 대지 않은 채 끝까지 먹는 내기를 하기도 했는데, 입술에 들러붙는 통에 늘 지곤 했던 기억이 새롭다.

시간은 흘러 역 앞에 있던 갈잎을 이용해 벽지를 만들던 공장이 문을 닫고, 옥수수밭 자리에 봉양초등학교가 들어섰다. 롤러스케이트장이 사라지고, 나무 켜는 소리가 종일 윙윙 나던 역전제재소가 문을 닫고, 리어카를 끌고 5백 원어치 땔나무를 사러 가던 학동도 어른이 되었다. 검은 옷을 입었던 광부들이 떠나고, 제사공장에서 일하던 하늘색 제복의 여공들이 사라지고, 누에를 키우던 뽕밭이 사라지고, 퇴근 무렵 제사공장 정문 앞에서 영자야, 순자야 하며 여공들을 향해 휘파람을 불던 청춘들이 떠나가도 변하지 않았던 역전마을이 연이은 태풍과 대통령의 방문으로 인해 변화를 맞았다.

대통령이 방문할 때마다 변화를 맞은 역전마을

오래전 역전마을을 보호했던 제방을 높였다고는 하나 2002년, 2003년 연속으로 강타한 태풍 매미와 루사를 견뎌내지는 못했다. 역전은 순식간에 물바다가 되었고, 가재도구와 재래식

화장실을 벗어난 똥 덩어리들이 물 위를 둥둥 떠다녔다. 마치 홍수 직후의 인도 갠지스강을 바라보는 듯한 그 장면에 사람들은 절망했고, 살다 살다 난리도 이런 난리는 없다며 눈물을 훔쳤다.

그 무렵 지금은 문을 닫은 부흥약방집 아들이 방송국 기자로 성장해 고향 마을의 처참함을 숨 가쁘게 보도했다. 뉴스를 접한 노무현 대통령은 헬기를 타고 정선을 방문했다. 장화를 신은 대통령이 마을을 돌며 홍수로 고통받는 사람들을 위로했다. 대통령은 시름에 잠겨 있는 사람들 앞에서 빠른 복구를 위해 최선을 다하겠다고 약속했다. 그 약속은 지켜졌고, 역전마을은 변혁의 시대를 또 맞이했다. 역전마을에 대통령이 방문한 것은 1967년 정선선 개통을 축하하기 위해 박정희 대통령이 방문한 이래 두 번째였다.

태풍이 지나간 자리는 처참했으나 무너진 낡은 집들 위론 새로운 집이 들어섰고, 좁은 도로가 넓혀지며 중앙분리대까지 생겨났다. 그뿐인가, 지금은 정선에서도 음식점이 가장 많은 마을이 되어 어디로 걸음을 옮기나 맛집이 즐비하고, 분위기 좋은 카페도 여기저기에 생겨났다. 아침 해장국을 먹으려면 역전으로 가야 하는 게 상식이 되어 버린 지금, 역전은 또 한 번의 변신을 준비하고 있다.

03

정선약초시장
정선 하면 생약초

『동의보감』을 남긴 명의 허준 선생조차 반할 만할 정선의 약재들. 산세가 좋은 정선은 예로부터 약재가 많은 곳으로 알려져 있는데, 정선산 약재들은 품질과 성능이 우수하여 서울 약령시에서도 좋은 대접을 받았다. 사람들은 산에서 채취한 약재를 쌀로 바꿔 먹었고, 아이들을 키워냈다. 어느 곳으로 고개를 돌려도 산밖에 보이지 않는 정선. 그런 궁벽하고도 질박한 곳에 사람이 살 수 있었던 것은 '생약초'라는 자연이 주는 선물이 있었기에 가능했다.

뿌리 약재만 해도 도라지를 비롯해 더덕·만삼·삽주·지치·복령·당귀·강활·천궁·잔대·하수오·시호·반하·천

마·황기·산삼 등이 산재했고, 곰취와 곤드레·딱주기 같은 산나물과 송이와 영지·표고 등의 버섯을 비롯하여 오미자·신배·겨우살이·가래·충녕 등등 열매 약재도 넘쳐났다.

허준조차 반할 만한 정선의 약재

정선의 따사로운 햇살과 억센 듯 부드러운 흙은 약재를 길러내기엔 그만이었고, 정선의 바람과 〈정선아라리〉가 키운 약재는 약성도 뛰어났다. 주루막에 작은 곡괭이 하나만 있어도 살아갈 근심을 덜 정도로 약재는 많았다.

조선시대 정선 사람들이 세금으로 내야 하는 공물에 유독 약재가 많았던 것도 그러한 이유였고, 조선 조정에서 정선의 명산인 갈왕산에 산삼봉 표비를 세워 백성들의 접근을 막았던 이유 또한 정선에 질 좋은 약재가 풍성했기 때문이었다.

한때 정선엔 크고 작은 약초상이 많았다. 그들은 대부분 역전마을에 살았다. 작은 약초상을 운영하는 이들은 손저울을 들고 골골을 돌았다. 그들은 동네 사람들이 캔 약초를 사서 역전마을에 있는 더 큰 약초상에 팔았다. 큰 약초상에 가면 정선의 약재란 약재가 다 모여 있었고, 마당엔 삽주와 복령 같은 약재가 산더미처럼 쌓여 있었다. 그 무렵 약초상 앞을 지나가면 한약방에라도 온 듯 지끈거리던 머리가 환하게 맑아질 정

생약초 어느 곳으로 고개를 돌려도 산밖에 보이지 않는 정선. 그런 궁벽하고도 질박한 곳에 사람이 살 수 있었던 것은 '생약초'라는 자연이 주는 선물이 있었기에 가능했다. 정선산 약재들은 품질과 성능이 우수하여 서울 약령시에서도 좋은 대접을 받았다.

도로 약초 향기가 진동을 했다.

약초상에서 말리고 다듬은 약재들은 좋은 가격으로 서울 경동시장 한약상가 등으로 팔려 갔다. 더러는 대구나 제천의 상인들이 정선까지 와선 며칠씩 묵으며 흥정을 하기도 했다. 상인들은 약초를 먼저 구매하기 위해서 약초상에 술과 고기를 사며 선매입도 했다. 급할 땐 손질을 미처 끝내지 못한 약재도 마다하지 않았다. 좋은 시절이었고, 정선의 약재는 그렇게 인기가 좋았다. 당시 정선역 수화물사무소에 가면 서울로 가는 약재들이 그득했고, 꼬리표 붙이는 손길로 사무실은 바쁘게 돌아갔다.

중국산 한약재의 습격

호황을 누리던 정선의 약초상이 한순간에 무너진 적이 있었다. 1980년대 후반이다. 값싼 중국산 한약재가 들어오기 시작하면서 국내 한약방은 정선에서 생산된 약재를 찾지 않았다. 약재가 그냥 버려졌고, 팔리지 않으니 동네 사람들도 약초를 캐러 산을 찾지 않았다. 황망하고 야속한 일이었으나 방법이 없었다.

정선 약재의 약성이 아무리 좋다 한들 가격에서 중국산을 이길 수는 없었다. 시대가 바뀌었다고 생각한 읍내 약초상들은 결국 하나둘 문을 닫고 다른 일을 찾았다. 정선에서 가장 큰 약초상을 했던 우리 집 또한 그 무렵에 빚잔치를 했는데, 군에 다녀온 내가 대학에 복학했을 때였다. 나도 없는 사이에 진행된 빚잔치로 초등학교 때부터 모아두었던 일기장과 사진이 들어 있는 앨범 등이 다 사라졌다. 내가 어린 시절을 보낸 집은 아직도 남아 있어 가끔 지나치려면 옛 생각이 많이 나는데, 가장 아쉬운 것은 아무래도 나를 추억할 수 있는 내 물건들이다.

빚잔치 이후 부모님은 서울로 이사를 했고 그렇게 몇 해가 흘렀다. 어느 날부터 중국산 약재들이 약이 되는 게 아니라 오히려 몸에 해가 된다는 보도가 나오기 시작했다. 약재를 가공하면서 표백제를 쓰는 등 위생 문제도 심각하다는 내용이었다. 그때부터였다. 뉴스에서는 국내산과 중국산을 구분하는 방법이 자주 등장했고, 발길을 뚝 끊었던 서울 약초상들도 슬금슬금 정선을 찾기 시작했다.

정선약초시장

"중국산 한약재 이젠 찾지도 않습니다."

정선에 온 서울 상인들은 중국산 약재에 대한 소비자 불신이 매우 크다며 한약방에서도 이젠 중국산 약재 쓰기를 꺼린

다고 했다. 정선산 약재에 대한 수요는 그렇게 생겨났고, '정
선약초시장'의 발단도 그때 시작되었다. 예전처럼 좋은 약재
를 생산한다면 판로 또한 걱정 없겠다 싶었다.

약초시장을 조성하는 일엔 정선군이 직접 뛰어들었다. 정
선군은 세금을 들여 부지를 만들고 건물도 세웠다. 정선에서
나는 약재만 전시 판매할 공간, 정선약초시장은 그렇게 만들
어졌고, 지금에 이른다.

정선황기 정선의 산간 고랭지 기후는 황기를 재배하기에 적합하다. 정선의 흙과 바람과 햇살
이 키운 황기는 그 품질이 널리 알려져서 한때는 전국 생산량의 70%를 차지한 적도 있다. 황
기는 체력을 증강시키고 땀을 다스리고 허한 기를 채워 준다고 한다.

서울 경동시장에 가면 묶음으로 판매되는 황기를 많이 볼 수 있는데, 원산지 표시를 보면 다들 '정선산 황기'라고 표기되어 있다. 생김새를 봐서는 다른 지역에서 생산된 것이 확실해 보이는데도 정선산이란다. 또 도시 지하철 입구를 나서면 삶은 옥수수를 많이 파는데, 거기에도 다들 '정선 찰옥수수'라고 적혀 있다. 하지만 맛을 보면 정선의 땅이 키운 게 아님을 금방 알 수 있다.

정선 사람만이 알 수 있는 고유의 맛을 '정선의 맛'이라고 한다면 정선의 흙과 바람과 햇살과 〈정선아라리〉가 변하지 않는 한 정선의 맛은 변하지 않는다. 그럼에도 정선의 맛이 아닌 약재나 농산물을 정선산이라고 파는 이유는 무엇일까. 그것은 정선만이 지니고 있는 이미지 때문일 것이다. '정선'을 갖다 붙이면 고향의 맛일 것이라는 혹은 신뢰할 수 있는 맛일 것이라는 의미가 강하니 하는 일이겠다.

정선산 황기는 한때 전국 생산량의 70%를 차지한 적도 있었다. 정선 하면 황기와 찰옥수수를 떠올리는 것도 그 때문이나 요즘은 약성이 우수한 더덕 생산도 크게 늘었다. 더덕을 캐는 날이면 상인들이 먼저 사려고 줄을 설 정도로 인기 또한 높고, 더덕을 가미해 만든 김치를 만드는 곳도 생겨났다.

아라리촌과 정선아리랑센터 아라리촌에는 전통가옥, 주막, 저잣거리 등 정선의 옛 주거문화를 재현해 놓았다. 아라리촌과 붙어 있는 정선아리랑센터는 6백 석이 넘는 대형 공연장으로 정선 장날마다 정선군에서 야심 차게 준비한 아리랑극 공연이 성대하게 펼쳐진다.

아라리촌

예전에 약초시장 일대에는 민가 몇 채가 있었고, 나머지 땅은 수박밭이나 땅콩밭이었다. 어천과 조양강이 만나는 지점에 생긴 충적토라 땅은 비옥하고 정선에선 보기 드물게 모래밭이었다. 그런 이유로 정선에서는 먹기 힘든 수박과 땅콩 같은 작물을 재배할 수 있었다. 수박이나 땅콩을 구경하기 힘든 동네에서 그 땅은 늘 학생들의 표적이 되었다.

학생들은 여름방학이 오길 기다렸다가 밤이 되면 수박이나 땅콩 서리를 하러 갔다. 더러는 주인에게 들켜 혼이 나기도 했지만 서리에 성공만 하면 귀한 먹거리를 맛볼 수 있었다. 몇몇은 땅콩을 다 캔 밭을 뒤지며 미처 캐지 못한 땅콩을 한 보따리씩 주워 오기도 했다. 먹거리가 귀한 시절이었다.

세월이 흘러 그 땅에 아라리촌이 세워졌다. 2005년도 일이다. 아라리촌은 너와집을 비롯해 굴피집, 겨릅집(저릅집) 등을 지어 정선 사람들의 삶을 엿볼 수 있는 의미 있는 공간으로 활용되는데, 야외무대에서는 주말마다 〈정선아라리〉 공연 등이 열린다.

정선아리랑센터

아라리촌과 붙어 있는 정선아리랑센터는 6백 석이 넘는 대형

아라리촌에 있는 너와집 너와집을 비롯해 굴피집, 겨릅집(저릅집) 등이 지어져 있어서 정선 사람들의 삶을 엿볼 수 있다. 깊어져 가는 어느 가을날, 이곳 정선에 살았던 어느 부부는 어떤 이야기들을 나누었을까.

공연장으로 정선 장날마다 정선군에서 야심 차게 준비한 아리 랑극 공연이 성대하게 펼쳐진다. 〈정선아리랑〉을 주제로 만 든 창작 공연은 화려하면서도 버라이어티한데, 공연을 보는 내내 웃다 울다 할 준비를 해야 한다.

또한 아리랑센터 건물엔 〈정선아리랑〉과 관련된 유물들을 전시하는 아리랑박물관이 붙어 있다. 〈정선아리랑〉과 관련된 각종 유물과 아리랑의 유래, 아리랑의 역사 등을 한눈에 파악 할 수 있는 곳이다.

아리랑센터 길 건너편에 있는 정선종합경기장은 예전에는 예비군 사격훈련장이었다. 사격 훈련이 있는 날이면 총소리 가 멀리까지 들려왔고, 총소리가 멈추면 아이들이 몰려왔다. 아이들은 화약 냄새 가득한 땅을 헤집으며 납탄을 주웠고, 그 렇게 모은 납탄을 엿과 바꿔 먹었다. 그랬던 땅을 메워 조성한 종합경기장은 축구, 수영 등 각종 스포츠 행사를 여는 곳으로 변모했고, 이러저러한 경기가 연중 열려 산책하듯 나들이하 기엔 그만이다.

병방치에서 즐기는 짚라인

04

병방치 고개
스카이워크와 짚라인을 즐기자

나룻배나 차배를 이용하던 정선에 신식 다리가 생긴 것은 일제강점기 후반이다. 일제는 관청이 있는 시내와 북실리 마을 사이의 조양강에 정선 제1교를 건설했는데, 정선 최초의 시멘트 다리였다. 다리가 생기자 정기적으로 경성이나 충주, 춘천 등으로 가는 연락 자동차가 생겼고, 정선도 새로운 문명을 받아들이는 계기가 되었다.

북실리의 변신
북실리는 그렇게 외부에서 정선으로 들어오는 관문이 되었지만 한동안 자연 부락 형태를 벗어나지 못했다. 북실리가 변화하기 시작한 때는 군부대와 중고등학교가 생기면서부터였다. 자갈밭뿐이었던 마을에 제방을 쌓았고 길이 만들어지자 건물이 속속 들어섰다. 옥수수나 겨우 심어 먹던 땅엔 아파트가 생겨났고, 생필품을 파는 마트도 들어섰다.

지금이야 위용을 갖추고 있지만 방위병이 많던 1970년대만 해도 군부대는 소총을 든 보초병 두엇이 입구를 지킬 정도로 소박했다. 철조망이 듬성듬성 쳐진 군부대는 전쟁통에 진주한 야전부대처럼 보였는데, 마음만 먹으면 언제든지 들고날 수 있는 곳이었다. 나도 그랬지만 마을 아이들 또한 심심하면 군부대를 찾아가 건빵을 얻어먹거나 군인들과 같이 공을 찼다.

군부대 아래엔 정선여자중고등학교가 생겨났는데, 당시만 해도 여학교는 읍내 일대에서 가장 멀고 한적한 장소였다. 밤이 되면 어둠뿐인 마을이라 야간 자율학습을 끝낸 여고생들은 늘 불안했다. 군부대가 있다곤 하나 그것이 더 불안하여 민원이 끊이지 않았다. 교육 당국은 급기야 1980년 무렵 시내에 있던 남학생들만이 모여 있는 정선중고등학교와 북실리에 있는 여자중고등학교를 서로 바꾸기로 했고, 그 결정은 전격적으로 이루어졌다. 남학생들은 북실리 여자중고등학교로 가게 되었고, 여학생들은 남학생들이 사용하던 정선중고등학교

정선버스터미널 '정선 시외버스부'는 예전엔 정선 장터 앞에 있었다. 북실리로 옮겨 가면서 '정선버스터미널'이라는 번듯한 간판을 달았다. 고전적인 정취가 있어 영화 〈봄날은 간다〉를 이 대합실에서 찍기도 했다.

로 가게 되었으니 이 또한 정선의 역사였다. 학교를 옮기는 날 여학생들과 남학생들은 각자 자신이 쓰던 나무 의자와 책상을 들고 이사를 하였는데, 그 모습은 피난 학교를 옮기는 듯도 하여 여간 짠하고 우스운 게 아니었다.

정선 시외버스부

버스로 통학하는 학생들이 많던 시절, '정선 시외버스부'는 지금의 장터 앞에 있었다. 장날이면 장을 보러 나온 사람들로 작은 대합실엔 발 디딜 틈이 없었고, 오후가 되면 교복을 입은 통학생까지 몰려들어 사람을 찾기조차 힘들었다. 그랬던 '버스부'가 북실리로 옮겨 가면서 '정선버스터미널'이라는 번듯한 간판을 달았는데, 지금의 터미널이다.

북실리로 옮긴 터미널은 처음엔 여관을 겸한 건물로 시작되었지만 인구가 급격하게 줄어들면서 현상 유지도 벅찼다. 하지만 그런 고전적인 모습이 좋았던지 영화 〈봄날은 간다〉 제작진은 남녀 주인공이 처음 만나는 장면을 정선버스터미널 대합실에서 찍기도 했는데, 화면은 아름다웠다.

지금은 공용터미널이 된 터미널은 한때 다방으로 사용하던 지하 공간을 단장하여 전시실을 꾸몄다. 전시실에서는 화가들의 작품을 연중 전시하고 있는데, 버스를 기다리면서 수준 높은 작품들을 감상하는 재미가 여간 쏠쏠하지 않다. 전시실에는 또 소설을 비롯해 시집 등의 책이 비치되어 있어 잠시나마 책 속으로 풍덩 빠져들어도 된다.

정선버스터미널은 세상으로 향하는 길목이다. 버스를 타고 떠난 누군가는 대학생이 되었고, 누군가는 좋은 직장도 잡았다. 부푼 꿈을 안은 젊은이들이 도시행 버스에 올랐을 때 정선은 그들을 흔쾌히 보내 주었다.

버스터미널에 가면 숱한 만남과 이별이 흐르고 있는데, 돌아오는 사람이나 떠나는 사람이나 설렘을 안고 있는 것은 한

결같다. 오늘도 정선 출신으로 각 분야에서 성공한 사람들의 이야기가 담긴 축하 현수막이 걸린 터미널 가는 길은 기대감으로 가득하고 여전히 성공 진행형이다.

조양산과 성불사

터미널에서 가까운 조양산은 해발 620m로 걸어서 50분 정도면 정상에 이를 수 있는 산이다. 조양산은 조양강을 대음강으로 부르던 시절 산 이름을 대음산이라 했다. 음(陰)자가 불길하다 하여 강 이름을 조양강으로 바꾸면서 대음산도 조양산으로 부르고 있는데, 음지가 양지로 변한 산이지만 정선 사람들은 '조양산' 대신 남쪽에 있는 산이라 하여 '남산'이라고 부른다.

조양산은 계단이 많고 가파르긴 하지만 등산로가 잘 정비되어 있어 굳이 등산화를 신지 않아도 아무런 불편함이 없다. 울창한 숲을 지나 한 차례 땀을 쏟고 나면 조양산 정상 전망대에 도착한다. 전망대에 서면 시원한 바람과 함께 정선 시내와 역전마을 일대는 물론 멀리 고양산까지 들어오는데, 그 모습은 정녕 우리네 고향 마을을 한눈에 굽어볼 수 있어서 탄성이 절로 나온다.

산을 오르고 내려오는 길엔 작은 절이 있는데, 성불사다. 성불사 옆엔 소나무 숲이 있고 그 숲은 상투봉으로 이어지며

동강할미꽃 동강의 바위 틈에서 자라는 여러해살이풀. 강원도 영월과 정선 지역의 석회암지대 바위 틈에서 자라는 한국 특산식물이다. 이른 봄 병방치 고개를 넘으면 수줍은 듯 피어난 동강할미꽃을 만날 수 있었는데, 이 꽃은 정선을 대표하는 정선의 군화(郡花)가 되었다.

소나무 숲은 신불산이라 하여 1970년대 학생들의 소풍 장소로도 유명했다. 소풍 갈 곳이 없어 강변 자갈밭이나 산을 찾을 때의 이야기이니 그것도 추억이 된 지 오래다.

병방치

북실리 재 넘어 마을인 귤암리 사람들은 옛날 뱅뱅이 고개라고 하는 병방치를 넘어 다녔다. 학교 근처에서 자취를 하던 어린 학생들은 주말이 되면 걸어서 고개를 넘어 집으로 갔고, 돌아올 땐 쌀과 김치 등을 지고 가파른 고개를 넘었다. 병방치 고갯마루에 올라서면 귤암리 마을이 보이는데, 그 모습은 마치 한반도 지형을 그대로 옮겨놓은 듯 아련하다. 이른 봄 병방치를 넘으면 수줍은 듯 피어난 병방치 일대에서 자생하는 동강할미꽃을 만날 수 있으며, 동강할미꽃은 정선을 대표하는 정선의 군화(郡花)가 되었다.

세월이 더 흘러 사람들은 병방치에다 유리를 깔아 만든 스카이워크와 짚라인을 만들었다. 스카이워크는 국내에선 가장 높은 구간에 설치된 대형 구조물로 유리 바닥 아래로 보이는 수천 길 절벽이 장관이나 심약한 이들은 발걸음을 떼어 놓기도 전에 울음을 터트리는 곳이기도 하다. 역시 국내에서 최장 구간을 자랑하는 짚라인도 모험과 스릴을 즐기는 이들에겐 최적의 장소이나 겁이 많거나 고소공포증이 있는 사람에겐 두려움의 장소이기도 하다.

병방치 스카이워크 병방치 고개의 옛 이름은 뱅뱅이 고개. 바닥이 훤히 비치는 유리 전망대에 올라서면 탁 트인 전망이 시원하다. 사시사철 다른 색의 옷을 입는 한반도 지형을 닮은 동강변의 아름다운 모습을 볼 수 있다.

05

덕산기 계곡
한국의 네팔

"우리나라에 이렇게 아름다운 여행지가 있다니 놀랍네요. 네 팔보다도 아름다워요!"

덕산기에 온 사람이 지르는 탄성이다.

"이곳이 아름답다는 말은 누구에게도 하고 싶지 않아요. 나만 알고 있을 겁니다."

덕산기 마을에 며칠 머물러 본 사람은 누구나 이런 말을 하고 떠난다. 대한민국 최고 오지 마을인 덕산기에 대한 찬사 이다. 실제로 덕산기는 우리나라에서 가장 아름다운 자연 풍 광을 자랑하는 골짜기가 맞다. 가슴속 깊이 꽁꽁 감추어 두었 다가 언제든 훌쩍 나만 와서 즐기고 싶은 비밀스러운 공간 같

덕산기 계곡 덕산기는 그저 개울을 끼고 있는 길을 따라 20리 넘는 길을 걷거나 오프로드
하는 기분으로 차를 타고 골짜기를 탐방하는 곳이다. 자연휴식년제 계곡이라 차박은 물론이
고 야영과 취사 등을 금지한다.

은 곳이 덕산기 계곡이다.

은둔의 땅이자 한국의 네팔이라고 알려져 있는 덕산기는 고요하면서도 평화롭고 평화로우면서도 고즈넉하여 마치 천상에 와 있는 듯, 때론 이국 어느 여행지에 와 있는 듯한 착각이 들게 만든다. 그래서인지 다들 덕산기에 오면 세속에서 쌓여 있던 긴장이 한순간에 풀리는 듯 맥을 놓고는 긴 잠에 빠지기도 한다.

"이렇게 고요할 수 있을까요. 소음조차 없어요."

바닥이 훤하게 들여다보이는 첫얼음을 만난 느낌과 같을까. 한순간 눈과 귀가 청아해지는, 도시살이에서는 도무지 느낄 수 없는 그런 것들. 덕산기에서만 만날 수 있는 순간이다.

덕산기는 사계절이 다 아름답다. 그런 이유로 봄바람에 실려 온 사람은 여름 옥빛 물이 궁금해서 찾아오고, 여름에 걸음한 이는 가을 덕산기가 궁금해서 찾아오고, 가을 단풍에 매료된 이는 폭설이 내린 덕산기의 풍경은 어떨까 하며 찾아온다.

덕산기는 비포장 길을 덜컹거리며 차로 물길을 헤치는 맛도 좋지만 걸어야 제맛을 느끼는 곳이다. '물이 있으면 물 있는 네팔이고, 물이 없으면 물 없는 네팔'인 덕산기는 물나들이에 물이 있거나 없거나 걷는 재미가 좋다.

덕산기 계곡

그대 덕산기에 오시려거든
진달래 빛 고운 봄날 돌단풍꽃처럼 곱고
수줍은 웃음 안고 오시라
혹여 못다 한 반역 있다면
문지방 고개쯤에다 내려놓고 나비처럼
봄바람처럼 가벼운 걸음으로 오시라

그대 덕산기에 오시려거든
여름이 빚어낸 옥빛 물 따라 철벅철벅
걸어오시라
혹여 세상과의 절연이나 고립을 꿈꾼다면
폭우 쏟아지는 날 빗속을 뚫고
금강모치처럼 산메기처럼 도깨비소를
거슬러 오시라

그대 덕산기에 오시려거든
물매화가 꽃대를 밀어 올리기 시작할 무렵
빈 마음으로 오시라
혹여 세상에 대한 절망으로 분기해 있다면
애기단풍 붉고 쪽동백 노랗게 물드는 시월

마음 또한 붉어지러 오시라

그대 덕산기에 오시려거든

폭설로 길이 끊어지는 날 흰 눈 안고 오시라

혹여 세상의 끝을 보고 싶다면

백석이 그러했듯 나와 나타샤와 책 읽는

고양이가 있는 숲속책방으로 시린 발로

오시라

그대…

– 강기희 시「그대 덕산기에 오시려거든」전문

덕산기는 자연휴식년제 계곡이라 차박은 물론이고 야영과 취사 등을 금지한다. 계곡에선 물놀이 정도만 허용되니 아침부터 밤까지 삼겹살 냄새를 풀풀 풍기며 소란스럽게 술을 마시는 야영객은 아예 없다. 그 때문에 트레커들이 덕산기 계곡을 즐겨 찾는데 여름이면 관광버스를 타고 온 단체 탐방객들이 긴 골짜기를 행군하듯 줄지어 걷기도 한다.

덕산기는 걷기 좋은 단순한 오지 마을만은 아니다. 드문드문 민박집이 있고, 숲속책방과 네팔식 게스트하우스와 목공예 공방 등이 있는, 문화와 예술이 자연과 함께 어우러진 독특한 여행지다.

여행지라고 해서 막걸리와 전 굽는 음식점이 즐비한 국립공원 입구 같은 풍경은 없다. 덕산기는 그저 개울을 끼고 있는 길을 따라 20리 넘는 길을 걷거나 오프로드 하는 기분으로 차를 타고 골짜기를 탐방하는 곳이다. 그러다가 문득 보이는 나무 공방에 들러 기념이 될 만한 목공예 작품을 구입하거나 숲속책방에 들러 작가인 책방 주인과 문학에 관한 이야기를 나누거나 작가와의 대화를 작심해 보는, 작가가 사는 외국 어느 여행지에 온 듯한, 그런 곳이다.

숲속책방은 소설가인 필자인 나와 동화작가인 아내가 운영하는 책방이다. 책방 이름은 백석 시인의 시 제목 「나와 나타샤와 흰당나귀」를 패러디하여 '나와 나타샤와 책 읽는 고양이'인데, 함께 지내는 가족이 다 들어 있다. 이후 가족이 된 책방 강아지 '동이'가 빠져 아쉽긴 하지만 가족의 내력이 담긴 간판이라 마음은 흡족하다.

"이런 골짜기에 책방이 있으리라곤 상상을 못했어요."

책방에 오면 누구나 놀랍다는 듯 이렇게 말한다. 도시에 있는 서점도 찾는 이가 없어 문을 닫는 세상이니 그럴 만하다.

"사람들이 이곳까지 찾아와요?"

이어서 또 묻는다. 나는 "그럼요" 하고 대답하며 빙긋 웃는데, 사실이다. 제주를 비롯해 부산, 목포, 당진, 울산 등등 그야말로 전국 각지에서 책방을 목표로 달려와 내가 펴낸 작품과 책방에 진열된 책들을 구입한다. 세상천지에, 내가 생각해도 놀랄 일은 분명하다.

덕산기는 조상 대대로 10대를 살아온 고향이자 내 탯줄이 묻혀 있는 곳이다. 어릴 적 아버지를 따라 읍내로 이사한 후 이곳저곳을 떠돌다 46년 만에 돌아왔지만 변한 것은 없었다. 아이 때 놀이터였던 계곡 아래쪽 말소나 무서워서 접근조차 하지 못했던 도깨비소도 그대로 있다. 다만 변한 게 있다면 집성촌으로 살아왔던 골짜기에 이제는 타지방을 고향으로 둔 이들이 많아졌다는 것뿐, 산천은 의구했다.

내가 덕산기로 돌아온 이유는 백석이 1938년 발표한 시 「나와 나타샤와 흰당나귀」에 등장하는 시구절과 다르지 않다. "(내가) 산골로 가는 것은 세상한테 지는 것이 아니다. 세상 같은 건 더러워 버리는 것이다." 나는 내 나이 마흔 무렵에 산골로 돌아가고자 했고, 실제 그렇게 행동했다. 백석이 그러했듯 나도 세상한테 진 것이 아니라 세상 같은 건 더러워서 버렸다.

덕우리 대촌마을

06

덕우리 대촌마을
연산의 아들 이황과 취적봉

지금으로부터 517년 전 박원종과 성희안, 유순정 등이 난을 일으켜 임금 이융을 폐위시켰다. 이른바 '박원종의 난'인데, 훗날의 역사는 그날을 중종반정이라고 기록했다. 1506년 9월에 있었던 일이며 물론 승자의 기록이다.

박원종이 난을 일으킨 해는 위화도 회군으로 권력을 잡은 이성계가 조선을 개국한 지 115년 만이고, 조선 최초로 일어난 신하의 난이었다. 당시 이융은 조선국의 제10대 임금이었다. 박원종의 난으로 인해 쫓겨난 이융은 강화도와 이웃하고 있는 교동도에 위리안치되었고, 왕(王)에서 (君)군으로 강등되었다. 바로 연산군이다. 이와 함께 세자였던 이황 또한 폐세자되어 정선 덕우리 취적옥(吹笛屋)에 위리안치되었는데, 그 일로 정선도 유배의 땅이 되었다.

폐세자 이황의 유배지, 그리고 김팔발의 난

1506년 음력 9월 5일 아침이었다. 박원종에 의해 궁에서 쫓겨난 폐세자 이황은 유배지 정선으로 향했다. 그 소식은 곧 정선 관아에 전달되었고, 덕우리 사람 김팔발에게도 전해졌다. 항우장사이며 의리가 강한 김팔발은 도성으로 가 역적 박원종을 처단하겠다며 난을 모의했다. 이황 일행이 덕우리에 도착하자 김팔발은 군사를 모아 난을 일으켰다. 하지만 김팔발의 난은 실패로 돌아가고 이황도 사약을 먹고 죽고 만다. 이황이 죽자 취적옥에는 출입금지 푯말이 붙었고, 사람의 접근을 막았다. 517년 전에 있었던 일이다.

폐세자 이황의 유배지는 취적봉 아래이며 구 정덕분교 개울 건너편 밭이다. 지금도 물길을 건너야만 농사를 지을 수 있는 섬 같은 땅에서 왕이 되지 못한 세자 이황은 피를 토하며 죽어갔다. 이후 반역의 땅이 되어버린 도두터는 금기의 공간이었고, 그 누구도 세자가 죽었다는 이야기를 함구해야만 했다. 그렇게 세자의 죽음은 잊혔다. 이후 사람들은 연산의 아들이 산 아래에서 죽었노라며 취적봉 전설을 만들었고, 그 전

취적봉 중종반정으로 연산군이 폐위되고 그의 아들 이황이 폐세자되어 정선으로 유배되었다. 이황이 올라 피리를 불었다 하여 취적봉이란 이름이 붙여졌고 이황의 유배지는 취적봉 아래이며 구 정덕분교 개울 건너편 밭이었다.

설은 지금도 마을 사람들의 입에서 입으로 전해진다.

피리를 분다라는 뜻의 취적(吹笛)은 세자 이황이 산에 올라 아비 연산군과 어미 중전 신씨 그리고 세자빈 정씨를 그리워하며 피리를 불었다 하여 붙여진 이름이다. 취적봉(吹笛峰) 아래에는 취적대(吹笛坮)가 있고 취적대 아래 이황의 유배소인 취적옥이 있었다. 이황이 머물던 유배소 취적옥은 말이 옥(屋)이지 빈집으로 있던 토방집을 대충 정리한 후 사용했다고 한다.

세자 이황의 이야기가 흐르는 취적봉(728m)은 등산 애호가들에겐 널리 알려진 산이다. 산행은 두 시간이면 넉넉할 정도인데, 산이 많은 이 지역에서도 취적봉처럼 산행하는 재미가 있는 산도 없다. 등산로를 따라 오르다 보면 아래로 펼쳐지는 풍광은 가히 넋을 빼놓게 하기 충분한데, 마을을 굽이치며 흐르는 물줄기가 만들어 낸 기막힌 풍경은 하산 지점인 문지방 고개까지 이어진다.

덕우8경

산과 물길이 만들어 낸 풍광이 얼마나 많던지 옛사람들은 그중 가장 빼어난 경관을 모아 동계8경 혹은 덕우8경이라 했다.

덕우8경 석회암 절벽이 깎아낸 듯 병풍처럼 마을을 감싸고 그 앞으로 어천이 휘감아 흐르며 인상적인 풍경이 펼쳐진다. 원빈이 결혼한 장소는 덕우 8경 중 제5경 구운병 앞이며 제7경 제월대가 한눈에 보이는 곳이다.

취적봉은 제2경에 속한다. 제1경은 옥순봉이고 3경은 운금장, 4경은 백오담, 5경은 구운병, 6경은 반선정, 7경은 제월대, 8경은 낙모암이다.

덕우리를 지나는 물길은 뱀이 기어가는 모양처럼 구불구불 흘러가는 사행천으로 동강과 같이 자연이 살아 숨 쉬는 공간이다. 정선에서 마지막 남은 보석 같은 공간인 덕우리는 세자와 관련된 역사적인 이야기도 많지만 그림 같은 풍경은 정선에서도 으뜸이다.

그 흔한 다리 하나 없는 마을이다 보니 마을과 마을을 이어주는 것은 징검다리이고 징검다리를 건너다 보면 팔경 또한 자연스럽게 만날 수 있다. 정선 여량 출신 배우 원빈이 결혼한 장소는 이미 여행객들에겐 소문난 곳. 원빈이 결혼한 장소는 덕우8경 중 제5경 구운병 앞이며 제7경 제월대가 한눈에 보이는 곳이다. 뿐만 아니라 힐링 프로그램으로 인기를 모았던 〈삼시세끼 정선편〉도 이 마을에서 촬영되었다.

취적봉 등산에 이어 징검다리를 건너 덕우리 체험마을로 이용되는 구 정덕분교까지 돌아오는 데는 3시간 남짓 걸린다. 구 정덕분교 또한 드라마 〈닥터 차정숙〉에서 의사들이 농촌 의료봉사를 가는 촬영지였다. 폐교된 정덕분교는 리모델링하여 '덕우리체험마을'로 활용되고 있다.

정선의 혈맥을 끊은 비봉산 일제신사

일제강점기 정선에도 일제신사(日帝神社)가 있었다. 하지만 신사가 어디에 있었는지 신사가 있기나 했는지 아는 이가 드물다. 당시를 살아냈던 이들이 말을 하지 않으니 전해지지 않는 것도 있겠고, 그게 무슨 좋은 일이냐며 말문을 닫은 결과일 수도 있겠다. 그것도 아니면 당시 일제의 번영과 전쟁 승리를 위한 국방헌금과 신사헌금을 낸 이들이 해방 후에도 권력을 행사하면서 소시민의 말문을 닫게 만들었을 수도 있다. 그래서인지 정선의 역사를 기록한 『정선군지(旌善郡誌)』에도 일제강점기에 설치되었던 정선 신사에 관한 내용 또한 통으로 빠져 있다.

정선에 일제신사가 언제 세워졌는지에 대한 정확한 기록은 발견되지 않았다. 정선 신사에 대한 기록은 1937년 8월 15일 자 『매일신보』에 처음 등장하는데, 기존에 있던 신사를 이전한다는 내용이다.

"정선군 신사는 정선읍 봉양산 상에 본시 건사한 관계로 참도가 불편할 뿐 아니라 혹서혹한에 노약인으로서는 도저히 참배가 불능한 폐단이 종이 있으므로 군경과 일반은 항상 유감으로 생각하던바 금반 관민 일치로 신사 숭경의 사상을 함양 보급키 위하여 신사 건물을 이전키로 하고 이전비 2천5백여 원은 좌기 제씨로부터 자발적 희사가 있었다는데 공사는 금추에 착수키로 결의하였다 한다."

정선 신사가 봉양산 위에 있어 참배하기에 많이 불편하여 이전하기로 결의했다는 내용이다. 이전에 드는 비용 2천5백여 원은 정선 사람 아무개가 희사한다는 기사인데, 공사는 1938년 가을에 시작한다고 되어 있다. 기사 말미에는 당시 신사 이전에 필요한 성금 기탁자 명단도 들어 있으며 정선 사람 김씨, 고씨, 홍씨, 권씨 등 다수가 2백 원에서 오십 원까지 희사를 했다고 한다. 그렇게 보면 애초 봉양산에 건립하였다는 정선 신사도 정선 사람들의 기탁금으로 지었다는 걸 의미하는데, 일제에 협력한 이들이 정선에도 많았음을 기록을 통해 알 수 있다.

기사에 나오는 봉양산은 비봉산을 뜻한다. 비봉산(飛鳳山, 827.8m)은 정선의 진산이다. 일제는 정선의 혈맥을 끊는 것도 부족해 그 자리에 신사를 짓고 학생을 물론이고 일반인까지 참배하도록 강제하고 제도화했다.

일제신사가 들어선 장소는 예전 정선군 충혼탑이 있던 자리로 풍수에 문외한인 사람이 봐도 명당처럼 보이는 곳이다. 정선 읍내를 구성하고 있는 세 개 마을을 굽이도는 물길이 시원하게 내려다보이는 남향 지세의 위치이다. 일제는 파렴치하게도 비봉산의 기(氣)가 모여 있는 장소에다 일본 천황과 전쟁 신들을 모아 놓은 신사를 짓고는 참배를 강요했다.

1938년 추진한 신사는 해를 넘긴 1939년 2월 13일에야 이전에 관한 정식 인가를 받았다. 당시 신문에는 일제 순사를 지낸 후 정선에서 사업을 하던 유지 김 아무개 씨가 이전하는 신사에 세울 철제 국기 게양대를 기부하였다는 기사도 '미담'으로 실렸다. 봄이 되자 신사 신축 공사는 시작되었고, 공사 중에도 신사 건립을 독려하기 위한 정선 사람들의 헌금은 줄을 이었다.

1939년 9월 23일 자 『매일신보』는 늦어도 10월 17일까지 정선 신사를 준공하겠노라고 후속 기사를 냈다. "역원 측에서 만반의 준비를 거듭하고 있는데, 최초에는 이전만으로 계획된 것이 그 후 여러 독지가의 자발적 기부가 답지하여 구면을 일신할 것으로 보이며…"라는 기사를 보아 비봉산에 있는 신사보다 더 크게 짓고 있음을 알 수 있다. 기사에 나오는 '역원'은 신사 이전을 추진하는 이들을 말하며 신사를 관리, 유지하는 정선 사람들이다.

이어 1939년 10월 31일 자 『매일신보』를 보면 "정선 신사 낙성식은 오는 11월 9일 거행하기로 되었는데 아울러 추기 대제도 집행될 모양으로… 또 당일은 각 부락에서 신사 낙성 축하 농악대도 참가케 되며 읍내

각 관공서와 단체에서는 현상 가장행렬도 있어 상당히 축하 행진에 번잡을 이루리라 한다"라는 기사로 미루어 공사가 마무리되고 있는 듯하고, 1939년 9월 창립된 정선체육회에선 신사 낙성식을 축하하는 경축 운동회를 열기 위해 축구, 야구 등 50여 경기 종목을 선정했다는 보도도 나왔다.

당시 언론에 보도된 대로 정선 신사 낙성식은 1939년 11월 9일 오전에 많은 사람이 참석한 가운데 신사 어조영에서 성대하게 치러졌다. 낙성식이 끝난 후 점심 식사를 했고, 오후 2시엔 군민들이 참여한 가두 행진을 겸한 봉축 가장행렬이 있었다. 가장행렬이 끝나자 정선국민학교에서는 정선체육회에서 준비한 체육행사와 함께 각 마을 부녀회를 중심으로 조직된 부인단을 비롯해 경우단, 상공단 등 7개 단체의 현상 발표도 있었다.

신사 낙성식 축하 행사의 대미는 군민과 각 단체가 참여한 제등행렬이었다. 저녁 7시부터 시작한 봉축 제등행렬은 정선면 거리를 떠들썩하게 만들었다. 그 모습은 일본 영화에 가끔 등장하는 거리 축제 장면 정도로 이해하면 될 듯싶다.

정선면에는 1938년 전기가 가설되었으니 그날 밤은 정선 거리가 환했을 것이고, 신사 낙성식에 참여한 축하객들과 체육행사 등에 참가했던 이들은 정선면 시내에 있는 대성관과 부춘관 등의 유곽에서 하룻밤을 질펀하게 놀았을 것이다. 박순희가 주인이던 대성관과 김도홍이 주인인 부춘관은 일제 때 정선에서 유명했던 요릿집이었다. 요릿집 기생들이 돈을 모아 국방헌금을 냈다는 기록까지 있는 것으로 보아 장사도 잘되었을 듯하다.

중일전쟁이 한창이던 1939년은 일제가 조선인 위안부와 노무자들을 본격적으로 동원하던 시기였다. 비봉산에 있던 정선 신사를 마을로 이전한 때는 일제가 국민정신총동원을 위한 전국유림대회를 개최하고, 일제가 황국 사상 주입을 위한 조선문인협회를 조직하고, 간도에서 활동하던 조선항일유격대가 한충구 전투에서 일본군 토벌대를 격파한 직후였다.

1939년 정선 신사를 이전하던 때의 정선 모습은 그러했다. 그런데 1939년 이전했다는 정선 신사는 어디로 이전했는지 또는 어디에 있었는지에 관한 기록이나 전해지는 말이 없다. 신사 낙성식 행사에 참여했던 사람들이나 신사참배를 했던 정선 사람들이 한둘이었을까. 기록에 의하면 마을 반장들도 회의를 하기 전에 신사참배부터 했노라 적혀 있던데, 어찌 된 영문인지 당시 이야기를 전하는 이가 없다.

비봉산에 있던 일제신사를 산 아래로 이전하는 일이 최대 관심사였던 그 시절 친일에 나섰던 이들은 신사 이전헌금과 국방헌금을 앞다투어 기부했고, 부인단과 상공단 등 각 단체는 전쟁 물자로 쓸 유기그릇을 모았다. 그래서였을까? 당시 사정을 짐작하게 만드는 〈정선아라리〉 한 구절이 떠오른다. "못 사굴 사람은 순사나리가 아닌가. 아닌 밤중 칼 소리에 몸서리가 친다."

당시 정선경찰서에 근무하는 일제 경찰은 일본인 서장과 간부를 제외하곤 거의 조선인이었다. 칼을 찬 조선인 경찰이 거리를 활보하던 시기, 살아남기 위해선 순사 바지 끈이라도 잡아야 했다. 그러나 그들의 칼은 언제나 힘없는 정선 사람들을 향해 있었으니 그런 '일제 순사'를 사귀긴 쉽지 않았을 터였다.

신사에 대해 이야기를 하나 더 하자면 일제신사가 군 소재지인 정선면에만 있었던 건 아니다. 『매일신보』 1938년 8월 2일 자를 보면 "정선군 동면에 있는 화동공립심상소학교에서는 하휴가를 이용하여 현하 비상시국하에 있어 총후 국민의 정신을 철저히 인식시키기 위하여 3, 4, 5, 6학년생도 120명으로 유한 작업대를 조직하고 지난 7월 26일부터 동 30일까지 5일간 유한 작업 일로 정하고 동교 이병철 선생의 인솔하에 몰운리 광산 신사(鑛山神社) 신축기지 경내에서 착수하고 있다고 한다"라고 보도했다.

화암면 몰운리 광산이라면 금광일 확률이 높다. 실제 한치마을엔 폐광산이 있기도 하다. 신사가 있었던 곳이 거기인지 확인할 길은 없지만 몰운광산에 광산신사 신축 공사를 시작했으며 화암국민학교 학생들을 동원해 작업을 시켰다는 거다. 화암 학교에서 몰운까지 이동하는 거리만 해도 짧지 않음을 감안하면 당시 화암 주민들 또한 작업에 동원되었음이 당연하지 싶다.

이쯤에서 드는 의문점 하나. 그렇다면 화암에서 가장 큰 금광이며 친일파 박춘금이 운영하던 천포금광(현 화암동굴)에도 광산신사가 있지 않았을까. 금광의 규모로 보나 생산량으로 보나 광부 숫자로 보나 천포금광이 몰운리 금광보다는 컸고, 친일파 박춘금이 사장인 것으로만 봐도 신사가 있었을 가능성은 매우 높다. 하지만 지금까지 몰운리나 화암이나 광산신사가 있었다는 이야기는 어쩐 일인지 전해지지도 않고 전설로도 남아 있지 않다.

지금은 말끔하게 치워져 흔적도 없지만 1980년대까지만 해도 비봉산 충혼탑으로 가는 길엔 시멘트 덩어리들이 여기저기 널브러져 있었다. 1945년 광복이 되자 정선 사람들이 비봉산에 남아 있던 '도리이'와 신사 건물을 부순 흔적이었다. 그렇게 해방은 왔고, 일본 놈들은 도망치듯 정선을 떠났다. "조선독립만세!"를 외치며 거리로 쏟아져 나온 정선 사람들은 당시 심경을 아라리 가락에 담아 이렇게 노래했다. "일본에 천지는 잿마당이 됐는데, 조선에 천지는 새나라가 되었네"

정선의 한 시민단체는 2021년 3월 1일 비봉산 일제신사 터에 '일제신사 단죄비'를 세웠는데, 글귀는 이러하다.

"우리는 정선의 주산인 비봉산의 맥을 끊고 신사를 지은 일제의 폭거에 분노하며 그 역사적 사실을 잊지 않기 위하여 시민들의 뜻을 모아 단죄비를 세운다."

07

아우라지역
조선시대에는 이곳이 핫플레이스

여량. 마을 이름 여량은 한자로 餘糧이라 쓰는데, 식량이 넉넉한 마을이란 뜻이다. 한강 발원지인 검룡소에서 발원한 골지천과 송천이 만나면서 충적된 땅은 여량을 비옥한 땅으로 만들었다. 그 때문인지 여량은 예로부터 논농사가 활발했고, 화전이나 일구며 살아가던 정선에선 보기 드물게 '여량'이라는 지명도 얻었다.

여량역의 역장은 찰방

여량은 조선시대부터 그 일대에서 교통의 중심지 역할을 했다. 관아가 있는 정선읍에 '호선역(好善驛)'이 있었다면 여량엔

아우라지 줄배 줄배란 강의 양쪽에 매어 놓은 줄을 잡아당기면서 건너게 되어 있는 배를 말한다. 여량면 아우라지에서 무료로 탈 수 있는 줄배를 타고 골지천을 건너 보는 것도 재미있는 추억이 될 것이다.

'여량역(餘糧驛)'이 있었다. 정선군에서는 호선역 다음으로 여량역에 역리와 역노비가 많았다. 조선시대에는 역장을 찰방이라고 불렀다. 찰방은 왕의 명령 또는 공공문서를 전달하거나 지역에서 일어나고 있는 각종 기밀 정보를 수집하여 중앙에 보고하는 역할을 맡았다.

찰방은 종6품직으로 지방 관아 소속이 아닌 중앙 정부 소속 관원이었다. 지금으로 치면 지역 파출소장과 우체국장 등을 겸한 자리로 여량 일대에선 가장 큰 권력이었다. 역에는 많은 역리가 역장을 보좌했고 역노비들은 역을 관리했다. 역노비들은 역에 마련된 숙소나 관원들이 탈 말을 관리했고, 봄부터 가을까지는 역에 딸린 둔전에서 농사도 지었다. 어느 고장이든 '역둔'이라는 지명이 있다면 그곳은 역이 있었다는 걸 의미한다고 보면 된다.

조선시대 때는 관원들이 출장 중 묵어갈 역을 30리 거리에 하나씩 두었고, 큰 산 아래엔 원(院), 작은 고갯길엔 점(店)을 두어 도적 떼나 호랑이·곰·표범 등의 동물로부터 보호를 받게 했다. 정선에선 호산역을 비롯 벽탄역과 고단역 등이 있었으며 행매원과 반점 등이 거기에 속한다.

조선시대의 여량역이 사라진 일제강점기엔 여량 땅에 주재소가 들어섰으며, 행정 명칭도 북면이었다가 여량면이었다가 해방 후엔 북면이 되었다가 근간에 다시 여량면으로 바뀔 정도로 부침이 있었다. 강릉에서 여량에 이르는 길이나 정선에서 여량까지 오는 길은 몇 년 동안의 공사 끝에 1932년 11월 13일 3등 도로로 개통되었다.

길이 뚫렸다고는 하나 사람의 손으로 만든 산중 길은 가파른 데다 좁고 험했다. 행여 마주치는 우마차라도 있으면 교행할 공간이 없어 한쪽 차가 한참을 후진한 후에야 통과할 수 있었다. 다리가 없는 정선 일대의 강은 차배로 건넜고, 그런 모습은 내가 고등학생이던 1970년대 후반까지 이어졌다.

길이 열리자 강릉상사에선 지금의 버스와 같이 사람을 태운 승합차를 정선까지 운행하기 시작했고, 물자를 실어 나르는 '도라꾸(트럭)'나 '제무시(미국 GMC사에서 나온 트럭)'도 삽당령을 넘나들었다. 여량에서 남평을 오가는 꽃벼루재(꽃베루재)의 길은 험한 데다 수십 길 절벽이 있는 곳이라 버스나 트럭이 구르는 사고도 빈발했다. 하긴 꽃베루길은 말을 끌고 넘거나 고갯길을 걸어서 넘던 시절에도 험하기로 소문난 곳이었다. 오죽하면 "아질아질 꽃베루 지루하다 성마령. 지옥 같은 이 정선을 누굴 따라 나 여기 왔나" 같은 아라리를 불렀을까.

그 시절 정선에 처음 오는 이는 정선이 지옥 같았을 터였다. 어딜 둘러보나 물첩첩 산첩첩인 정선에 사람이 살고 있는

꽃벼루재길

게 신기할 노릇이었을 것이다. 지금도 정선은 대한민국에서 최고 오지 마을 아니던가.

그렇게 걸었던 꽃베루길에 신작로가 생겼고, 차가 다니는 가 싶더니 다른 길이 생기면서 지금은 걷고 싶은 길이 되었다. 언젠가 시사 잡지 『시사인』에서 선정한 '걷고 싶은 길 33선'에 꽃베루길이 들어가기도 했으니 격세지감이 따로 없다.

여량역 철도 개통

다시 여량역 이야기로 돌아가자면, 조선시대에 출장 중인 관 원이 마패를 보여주며 말을 갈아타던 여량역이 레일이 깔리고 기차가 다니는 여량역으로 바뀐 것은 1971년이었다. 청량리 에서 출발하여 황지역까지 가던 태백선을 증산역에서 받아 만 든 정선선(旌善線)은 1960년대에 공사가 시작되었다. 공사 인 력은 깡패나 부랑아 등으로 구성된 국토재건대를 투입했으며 정선역 개통은 1967년 1월이었다. 1969년 10월에 정선역에 서 나전역까지, 나전역에서 여량역은 1971년 5월에, 1974년 12월 20일엔 여량에서 구절리역까지 개통되면서 45.9km 거 리의 정선선이 마무리되었다.

정선역 개통식 때는 박정희 대통령이 참석하여 테이프 커 팅을 했고, 정선선이 완료되었을 때인 1974년 12월 20일엔 당시 교통부장관과 철도청장 등이 참석한 가운데, 여량역에서 개통식을 가졌다. 때는 오후 2시였으며, 날씨가 추워 여량역 구내에서 행사는 치러졌다.

태백선이 함백과 고한, 사북, 황지 등의 탄전지대에서 생산되는 무연탄을 실어 나르기 위해 만들어졌듯 정선선도 구절리와 나전, 정선 일대에서 생산되는 무연탄을 수송하기 위한 목적으로 만들어졌다. 산간 오지 마을인 정선에 철도가 깔리자 정선역의 저탄장엔 회동탄광의 무연탄이 산을 이루었고, 나전역엔 나전광업소의 무연탄이, 구절리역엔 구절탄광에서 생산된 무연탄이 산더미를 이루었다.

아우라지역으로 개명

무연탄 수송을 위한 철도 개통으로 여량은 일대 변혁의 시대를 맞이했다. 서울로 가는 기찻길이 열리자 서울도 하루생활권이 되었고, 〈정선아리랑〉이 알려지면서 아우라지를 찾는 여행객도 늘어났다. 1971년 '여량역'이라는 이름으로 출발한 여량역은 28년 만인 1999년 '아우라지역'으로 개명되었다.

1979년 겨울, 기차 타고 여량 사는 친구네 집에 놀러 갔다가 며칠을 보내기도 했던 여량역, 약초상을 하시던 아버지가 역 대합실에서 정선행 새벽 기차를 기다리다 깜박 잠이 들어 당시 돈 2백만 원이 넘게 든 가방을 잃어버리기도 했던 여량역. 여량역에 대한 기억과 추억은 좋은 것과 나쁜 것이 혼재되어 있으니 역 이름을 바꿨다고 해서 그 기억들이 사라질 일은 아니겠다.

1974년 전 구간이 개통된 정선선. 1990년대 들어 정선선이 지나오는 지역에 있던 탄광들이 줄줄이 문을 닫으면서 5량이나 되던 객차가 2량 꼬마열차로 바뀌더니 30년 만인 2004년엔 아우라지역에서 구절리역 구간 7.2km가 폐선되었다. 정선선의 종착역이 구절리역에서 아우라지역으로 바뀌었고, 지금까지 이어지고 있다. 광부가 떠나고 사람들이 떠난 2005년부터는 구절리역에서 아우라지역까지 레일바이크가 운행 중이며 연간 많은 여행객이 찾는 곳이 되었다.

08

아우라지 마을
저기 저, 뱃사공아 배 좀 건네주게

'여량'이라 부르면 양식이 넉넉한 마을이 아니라 대륙을 꿈꾸던 어느 왕실의 공주 이름만큼이나 격이 높고 아름다운 지명처럼 느껴진다. 골지천과 송천 두 물줄기가 하나로 어우러진다 하여 '아우라지' 마을이 된 여량은 한국판 로렐라이 언덕을 품은 곳으로도 유명하다. 지금이야 다리가 생겨 아우라지 처녀를 만나는 게 쉬운 일이 되었지만 예전엔 뱃사공의 도움 없이는 처녀의 애절한 사연을 만나기가 쉽진 않았다.

처녀와 총각의 만남

다리가 없던 시절 밤나무 숲이 있는 갈금마을과 주재소가

정선 여량면 아우라지 아우라지는 구절리에서 흘러 내려오는 송천과 임계면을 흐르는 골지천이 합류해 어우러진다 하여 붙여진 이름이다. 동백 열매를 따던 아우라지 처녀와 때꾼 총각의 이루지 못한 사랑 이야기도 전해져 내려온다. 〈정선아리랑〉 애정편의 발상지로 알려져 있다.

있던 여량을 이어주는 건 아우라지 뱃사공이었다. 뱃사공들은 노를 저으며 〈정선아라리〉를 구성지게 부른다.

아우라지 뱃사공아 배 좀 건네주게
싸리골 올동박이 다 떨어진다
떨어진 동박은 낙엽에나 쌓이지
잠시 잠깐 님 그리워 나는 못 살겠네

여량마을에는 이와 같은 노랫말이 전설처럼 이어진다. 1백 년도 전의 일이었다. 그해 늦가을 여량엔 때아닌 장마가

아우라지 돌다리 여송정 앞에 있는 처녀상을 보러 가려면 초승달 모양의 조형물이 있는 철제 다리인 아우라지 오작교를 건너거나 송천이 골지천과 합류하는 지점 바로 위에 놓인 돌다리를 건너면 된다.

졌다고 한다. 붉은 물은 도도하게 흘러갔고, 자갈 구르는 소리가 자갈자갈 났다. 장마가 지자 뱃사공은 배를 띄우지 못했다. 그날 강을 건너지 못한 여량마을 처녀가 있었다. 강 건너 갈금마을 총각이 처녀를 향해 손을 흔들었다. 총각의 눈에 눈물이 고였다. 물이 더 불어나고 있는 듯 황토물이 거칠게 흘렀다. 강변에 선 처녀가 울먹이며 뱃사공에게 애원했다. "아우라지 뱃사공아 배 좀 건네주게. 싸리골 올동박이 다 떨어진다."

하지만 뱃사공은 어렵다며 고개를 저었다. 처녀의 노래를 갈금마을에 사는 총각이 받았다.

"떨어진 동박은 낙엽에나 쌓이지 잠시 잠깐 님 그리워 나는 못 살겠네"

총각의 노래도 애절했다. 처녀와 총각이 주고받는 노래처럼 여량 사는 처녀와 강 건너 갈금마을 총각은 연애 중이었다. 남녀가 유별하던 시절, 두 사람의 연애는 숨어서 하는 몰래 연애였다. 요즘처럼 찻집이나 빵집이 있던 시절도 아니니 젊은 처녀 총각이 만날 수 있는 공간은 제한적이었다. 아라리 가사에도 등장하듯 봄이면 나물 캐러 간다며 연애를 했고, 누에고치를 치던 마을에선 뽕잎 따러 간다며 연애를 했다. 논이 많았던 여량에선 연애 장소가 마땅치 않았다. 달리 갈 곳이 없었던 여량마을의 처녀 총각은 싸리골이 연애 장소였다. 당시만 해도 싸리골은 동백나무(동박나무)가 많아 봄이면 꽃으로 환했고, 가을이면 동박 열매가 가득했다.

동백나무 아래서 사랑은 꽃피고

이른 봄 향이 알싸한 꽃을 피우는 동백(동박)은 가을이면 꽃진 자리에서 검붉은 열매가 익어 가는데, 그것이 처녀가 노래한 올동박(올동백) 열매다. 그해에 열린 동박 열매는 기름을 짜 멋쟁이들의 머릿기름으로 사용하기도 했고 식용으로도 쓰였다. 동박 기름은 이래저래 귀한 대접을 받았는데, 강원도 지역에선 동박나무 열매에서 추출한 기름을 동박기름 혹은 동백기름이라 했다. 춘천 실레마을을 무대로 한 김유정의 소설 『동백꽃』에 나오는 동백꽃도 붉게 피어나는 남녘의 동백꽃이 아니라 여량땅 동백꽃과 같은 꽃이다.

> "그리고 뭣에 떠다밀렸는지 나의 어깨를 짚은 채 그대로 퍽 쓰러진다. 그 바람에 나의 몸뚱이도 겹쳐서 쓰러지며 한창 피어 퍼드러진 노란 동백꽃 속으로 폭 파묻혀 버렸다. 알싸한, 그리고 향긋한 그 냄새에 나는 땅이 꺼지는 듯이 온 정신이 고만 아찔하였다."
>
> — 김유정, 「동백꽃」 중에서

소설에서 언급한 알싸하면서도 향긋한 노란 동백꽃은 소설로 피어났지만 여량에선 〈정선아라리〉가 되어 전해졌다.

동백나무 혹은 동박나무라고 부르는 나무는 잎과 꽃 등 나무 전체에서 생강 냄새가 난다 하여 생강나무라 부르는데, 남쪽에선 '아구사리'라고 부르기도 하는 활엽 잡목이다. 한국전쟁 전후 빨치산들은 마을에서 구해 온 담배가 떨어지면 생강나무 잎으로 담배를 말아 피웠다. 남녘에선 그 담배를 '아구사리 담배'라고 했고, 그 시절 종이에 말아 먹던 연초마냥 맛도 좋았다고 한다.

다시 처녀 이야기로 돌아가면, 기름이 귀하던 시절 부모들도 동박 열매를 따러 간다면 외출을 허락했다. 이들은 걸어서 30분은 족히 걸리는 싸리골을 약속 장소로 정했고, 처녀는 집에다 며칠 후 싸리골로 동박 열매를 따러 갈 거라는 이야기도 미리 해주었다. 그랬는데 그사이 장마가 졌다.

이루지 못한 사랑

그날 처녀와 총각은 만나지 못했다. 그다음 날도 뱃사공은 배를 띄우지 못했고, 처녀와 총각은 서로를 바라보며 눈시울만 적셨다. 그리고 며칠 후 총각은 뗏꾼이 되어 한양으로 떠나는 떼를 탔다. 그 시절 갈금마을엔 서울로 가기 위한 목재가 산더미처럼 쌓여 있었고, 목재 운반은 육로가 아니라 물길을 이용한 뗏목이었다. 떼는 큰 장마든 작은 장마든 강에 물이 그득하게 흘러야 띄울 수 있었다. 봄부터 가을까지 떼를 띄울 수 있는 횟수는 많아야 열 번 정도였다.

가을이 깊어지자 갈금에 남아 있던 뗏꾼들은 하나둘 떠났고 목재상만 남아 혹시나 하는 마음으로 장마를 기다리고 있던 중이었다. 그런데 느닷없이 폭우가 내렸고, 물이 덜컥 나갔다. 다들 올해 장마는 끝났다며 돌아간 자리, 목재상으로서는 춤을 출 일이 생겼지만 막상 떼를 탈 뗏꾼이 없었다. 급했

아우라지 처녀상 한양으로 가는 목재를 싣고 떠났던 떼꾼 총각을 기다리는 아우라지 처녀. 총각이 동강 된꼬까리(꼬까리는 여울을 뜻하는 방언)에서 물귀신이 되었다는 소식을 듣고 결국 달이 훤하게 뜬 보름밤 처녀는 아우라지 강에 몸을 던졌다. 이후 아우라지 뱃사공은 노를 저으며 처녀와 총각에 얽힌 사연을 아라리 가락에 실었다.

던 목재상은 총각을 찾아갔다.

"자네, 이번에 떼 타보지 않을 텐가?"

갈금마을에 살며 떼 엮는 솜씨라면 누구한테도 밀리지 않았던 총각이었다. 목숨을 걸어야 하는 일이라 걱정은 되었지만 정선군수 봉급보다도 많다던 '떼돈'이었다. 돈 벌어 너른 땅 구해 처녀와 농사나 짓고 살면 좋겠다는 욕심도 생겼다. '한번만 해보자'라는 생각으로 총각은 "예!" 하고 고개를 끄덕였다. 목돈을 만질 수 있는 기회였기에 총각으로서도 마다할 제안은 아니었다.

총각은 떠났고, 끝내 돌아오지 않았다. 장마로 불어났던 물은 이전 상태로 줄어들었고, 뱃사공은 아무 일도 없었다는 듯 무심하게 노를 저으며 갈금마을을 오고 갔다. 총각이 동강 된꼬까리(꼬까리는 여울을 뜻하는 방언)에서 물귀신이 되었다는 소문이 물길을 거슬러 올라온 날이었다. 총각이 돌아오기만을 애면글면 기다렸던 처녀는 총각이 죽었다는 소문에 목 놓아 울었다. 소문은 그렇게 돌았지만 처녀는 총각이 반드시 돌아오리라고 믿었다. 하지만 한 파수, 두 파수가 지나도 총각은 돌아오지 않았다. 결국 소문은 사실이었고, 달이 훤하게 뜬 보름밤 처녀는 아우라지 강에 몸을 던졌다.

동강축제 뗏목 시연 갈금마을에서 한양으로 가는 목재 운반은 육로가 아니라 물길을 이용해 뗏목으로 했다. 떼는 강에 물이 풍부해야 띄울 수 있었다. 봄부터 가을까지 운행 횟수는 많아야 열 번 정도였다. '떼돈 번다'라는 말이 이 일에서 생겼을 정도로 정선군수 녹봉보다 많았다고 한다.

애달픈 사연은 아라리가 되어

다음 날 처녀는 시신으로 떠올랐고, 그 며칠 후 아우라지 뱃사공은 노를 저으며 처녀와 총각에 얽힌 사연을 아라리 가락에 실었다. "아우라지 뱃사공아 배 좀 건네주게. 싸리골 올동박이 다 떨어진다. 아리랑 아리랑 아라리오… 떨어진 동박은 낙엽에나 쌓이지. 잠시 잠깐 님 그리워 나는 못 살겠네. 아리랑 아리랑 아라리오…" 뱃사공이 부른 아라리는 구성지다 못해 구슬펐다. 처녀와 총각의 사연을 알기에 음성엔 울음도 섞였다. 동리 사람들도 뱃사공의 노래를 따라 불렀다.

〈정선아라리〉 애정편의 역사는 그렇게 만들어졌고, 정선의 역사는 아우라지를 〈정선아라리〉 애정편 발상지로 기록했다.

아우라지 처녀상과 여송정

108

····· 더 보기 : 아우라지 처녀상과 여송정 ·····

〈정선아리랑〉 애정편의 발상지 아우라지에 세워져 있는 처녀상은 무심하게 흐르는 강을 바라보는 표정이 참으로 애절하다. 처녀상 옆엔 여송정이라는 정자가 있어 골지천과 송천이 만나는 아우라지를 감상하기엔 더없이 좋은 장소이다. 여송정 옆에는 〈정선아리랑〉 가사비도 있으니 꼭 들러볼 일이다. 아우라지 처녀상을 만나기 위해서는 근래에 세워진 오작교를 건너거나 나룻배를 이용해 갈금마을로 가서 송천을 가로지르고 있는 징검다리를 건너면 된다.

····· 더 보기 : 정선아리랑 전수관 ·····

아우라지 가는 길 강변에 정선아리랑 전수관이 있다. 말 그대로 〈정선아리랑〉을 보존하고 후세까지 남기기 위한 공간이다. 전수관에는 〈정선아리랑〉 전수 조교(소리꾼)들이 상주하면서 〈정선아리랑〉을 가르치고 있으며 일정만 맞으면 일반인도 〈정선아리랑〉 배우기에 도전할 수 있다.

건물 1층은 전수실과 자료실을 갖추었으며 2층엔 공연장과 영상시설이 구비되어 있다. 단체 방문객은 예약을 해야 〈정선아리랑〉을 배울 수 있으며 전수관에는 숙박시설도 완비되어 있다.

09

정선의 묘미와 별미
〈정선아라리〉와 곤드레나물밥

정선은 예술가들에게 감성과 오감을 자극하는 묘한 구석이 있는 동네이다. 대한민국에서 예술적 이미지를 가장 많이 생산해내는 곳이 정선인데, 아우라지는 그중에서도 으뜸이었다. 문인들은 문인 나름대로 문학적 이미지를 건져 올렸고, 연극인은 연극의 이미지를 찾았다. 화가와 사진작가는 능수버들 늘어진 아우라지를 담았으며 무용가는 〈정선아라리〉를 춤사위로 표현했다.

1980~1990년대만 해도 햇살이 쨍한 날이든 비가 오는 날이든 눈이 내린 날이든 바람이 휭하니 아우라지를 휩쓴 날이든 아우라지에 가면 예술가 한 명쯤은 강변을 서성이고 있었

다. 그들은 마치 장마 후 수석을 채취하는 수석인들처럼 강변을 거닐거나 대낮부터 막걸리 잔을 기울이며 그윽한 시선으로 아우라지 강을 바라보곤 했는데, 그 모습만으로도 아우라지는 예술적 성지가 될 만했다.

아우라지는 예술가들의 성지

숱한 시인 작가들이 즐겨 찾던 시절 아우라지를 무대로 한 시와 소설이 쏟아졌다. 시만 해도 아우라지를 무대로 발표된 작품이 천여 편이 넘으니 시인 치고 이곳을 문학적으로 형상화하지 않은 이가 없었다. 한 지역을 무대로 발표된 작품이 그렇게 많은 곳은 정선에서도 아우라지가 유일하고 인근의 구절리와 화암 몰운대뿐이다. 소설가 김원일은 장편소설 『아우라지로 가는 길』을 통해 아우라지를 그리워하는 주인공 '마시우'의 이야기를 그려냈고, 시인 이동순은 "사발그릇 깨어지면 두세 쪽이 나지만 삼팔선 깨어지면 한 덩어리로 뭉치지요"라며 그의 시 「아우라지 술집」에서 통일을 노래하기도 했다.

시인의 시에 등장하는 술집은 지금 아우라지 총각상 인근 잔디밭쯤에 있었다. 강변에 있었던 그 집은 그곳에서 태어나 지금도 여량 땅에 살고 있는 내 친구 집이었다.

아우라지 강변에 있던 그 술집의 정식 이름은 '아우라지 술집'이 아니라 매운탕 등을 끓여내는 식당에다 담배도 파는 아주 작은 구멍가게가 붙은 '아우라지 집'이었다. 라면땅이나 건빵 같은 과자류에서부터 고등어나 번데기 통조림을 비롯해 어항 등의 어구를 팔기도 했던 아우라지 집은 마당에 들마루가 있어 매운탕이나 구운 피라미 등을 안주 삼아 소주를 마실 수도 있었다. 시인의 시에 등장하는 아우라지 집의 주인은 당시 아우라지 뱃사공이었다. 가끔은 임계 가는 차배 일을 보기도 했지만 대부분은 아우라지 뱃사공으로 살며 아이들을 키웠다.

'차배'란 여량면에서 임계면으로 가는 다리가 없던 시절 버스나 트럭, 사람 등을 실어 나르는 배로 아우라지를 오가는 나룻배와는 생김새부터가 달랐다. 차를 실어나르는 배라 하여 정선에선 '차배'라 부르는데, 조선시대 세곡이나 옹기, 땔감 등을 실어 나르던 평저선(平低船)과 같다고 보면 된다.

고려엉겅퀴로 만든 곤드레나물밥

20년 가까이 된 이야기다. 당시 정선 문학기행 하면 가이드는 대개 내가 맡았다. 정선 출신 문인이 많지 않아 생긴 일이었다. 문학기행은 아침 일찍 서울에서 출발하여 정선 일대를 둘러보다가 저녁 식사 후 돌아가는 일정이었다. 기행에 참여한

아우라지 총각상 정선은 예술가들에게 감성과 오감을 자극하는 묘한 구석이 있는 동네이다. 아우라지는 그중에서도 으뜸이었다. 지금 아우라지 총각상 인근 잔디밭쯤에 시인들이 자주 가는 술집이 있었다.

이들은 일반인도 있고 문학인도 있었다.

대절한 버스가 양재동에서 출발하면 나는 정선에 얽힌 이야기를 풀어놓았는데, 기행에서 빼놓을 수 없었던 건 〈정선아라리〉 한 대목을 일러주는 거였다.

"정선을 이해하려면 〈정선아라리〉를 반드시 알아야 합니다."

기행단은 내가 한 소절씩 알려준 〈정선아라리〉를 연습하며 정선에 당도했고, 첫 기행지는 화암8경 중 하나이며 황동규 시인의 시로 널리 알려진 '몰운대'였다. 황동규 시인의 시 「몰운대행」을 읊어가며 몰운대를 구경하고 나면 점심시간이 되었고, 점심 식사 메뉴는 정선의 명물인 '곤드레밥'이었다. 학명이 고려엉겅퀴이자 구황식물이었던 곤드레는 정선 일대에서만 자생하던 산나물이었고 딱주기는 약재로 쓰이기도 하며 사삼(沙蔘)이라고 불린다. 〈정선아라리〉에도 등장하는 정선 토속 나물이었다.

그 나물로 밥을 한 것이 곤드레밥이니 정선을 방문한 이들이라면 누구나 한 번쯤은 맛보아야 할 음식이기도 했다. 뿌리가 약재로 쓰이는 둥글레와 닮았다 하여 곤들레라 불리워지다가 그 이름이 요즘은 곤드레가 되었는데, 박정대 시인의 시에도 등장한다.

너는 고려 엉겅퀴, 너는 들판에 버려졌던 시

거란 여진 숙신 말갈 다 지나 말이 지칠 때쯤이면

너는 아련한 허기처럼 피어오르던 지상의 양식

피곤한 말들이 곤드레 곤드레 맛있게 여물을 먹는 저
녁이면

별빛 총총한 하늘 아래서 빛나던 너의 이름은 곤드레
나물이었지

너는 들판에 버려졌던 시, 너는 천년 전부터 빛나던 영
혼의 양식

별빛 총총한 하늘 아래서 누군가 사랑을 생각하는 시간

너는 곤드레 곤드레 떠오르는 누군가의 그리운 이름

바람에 흔들리는 들판에서 새 떼들이 물고 날아오르던
향기로운 이름

깊은 산골 마을에서 피어오르던 외줄기 저녁연기

너는 들판에 버려졌던 시

그러나 이제는 모두 향기로운 너를 읽는다

너의 이름은 곤드레나물, 천년 전부터 빛나던 영혼의
양식

– 박정대「너는 들판에 버려졌던 시」전문

정선 출신 박정대 시인은 곤드레 나물을 천년 전부터 빛나던 영혼의 양식이라고 표현했다. 맞는 말이다. 아니 어쩌면 그보다 훨씬 오래전부터 정선 사람들은 곤드레를 양식 삼아 먹었을지도 모른다. 나물밥 한 그릇에 시가 들어 있고 천년의 역사가 들어 있는, 그런 곤드레나물밥을 막장에 썩썩 비벼 먹는 맛이란, 그저 기막힐 따름이다.

느름국(콧등치기국수)

정선으로의 문학기행에서 마지막 일정은 역시 정선의 토속음식을 맛보는 일이었는데, 메뉴는 '느름국'이었다. 흔히 '콧등치기'라고 알려진 메밀국수는 삶은 국수를 찬물에 헹궈서 먹는 '꼴두국수'이다. 꼴두국수는 강원도 지방의 향토음식으로 국수가닥이 꼴두기처럼 시커멓고 못 생겼다고 붙어진 이름이다. 그런데 이 국수가 언제부터인가 콧등치기국수로 알려지기 시작했다. 찬물에 씻어 고들고들해진 면발을 후룩, 삼킬 때 면발이 콧등을 친다 하여 콧등치기가 되었다는데, 여량을 다녀간 어느 신문기자의 작품이라고 한다.

사람들은 여름철엔 시원한 콧등치기를 즐겨 찾고 겨울철엔 뜨거운 느름국을 찾는데, 메밀국수는 찬 것이든 뜨거운 것이든 각자 특유의 맛이 있다. 반면 기행단이 먹었던 한 느름국

한치 뒷산에 곤드레 딱주기, 임에 맛만 같으면

올 같은 흉년에도 봄 살아나지

－〈정선아리랑〉 가사 중에서

곤드레 학명은 고려엉겅퀴이다. 고지에서 자생하는 산채로서 맛이 담백하고 부드러우며 향이 독특하다. 강원도 정선은 곤드레 산지로 유명하고 매년 5월에 채취한다. 옛날부터 구황식물로 많이 먹었다.

은 칼국수처럼 썬 면을 제국에 삶아 먹는 것을 말하는데, 그 맛이 꼴두국수와는 비교도 할 수 없을 정도로 감칠맛이 난다.

정선이 고향인 나는 어릴 적부터 메밀국죽, 메밀전병, 메밀적 등 메밀 음식을 즐겨 먹으며 자랐는데도, 볶은 참깨를 갈아 만든 깨보생이와 정선산 갓김치 꾸미가 올려진 느름국은 국물까지 다 먹게 만드는 매력이 있다.

여량엔 메밀국수를 하는 집이 여럿 있지만 내가 단골처럼 드나드는 집은 아우라지역 앞 주례마을에 있는 청원식당이다. 20년 전 도로변에 있었을 땐 후덕한 인심을 자랑하던 아

곤드레나물밥 봄에는 생곤드레나물을 씻어서 하고, 말린 곤드레나물을 불려서 해도 된다. 다른 나물을 무치듯이 양념과 들기름을 곤드레나물에 버무려 놓고 불린 쌀 위에 얹고, 물은 평소보다 조금만 적게 잡아서 밥을 하면 된다.

주머니께서 음식을 만들었는데, 주례마을로 자리를 옮기고부터는 엄마의 솜씨를 그대로 물려받은 딸이 대를 이어 음식을 만든다.

소리꾼에게 배우는 〈정선아라리〉

정선의 별미로 점심을 해결하고 나면 오후 일정은 아우라지행이었다. 구불구불 이어진 강변 길을 따라 〈정선아리랑〉 발상지인 아우라지로 가면 뱃사공이 기다리고 있었다. 나룻배를 타고 아우라지 처녀를 만난 기행단은 "아우라지 뱃사공아~"

로 시작되는 〈정선아라리〉 가사를 비로소 이해할 수 있었고, 버스 안에서 배운 아라리를 저도 모르게 흥얼거리기도 했다.

숱한 문학 작품을 탄생시킨 아우라지 기행의 대미는 역시 소리꾼에게 배우는 〈정선아라리〉였다. 초청 강사는 여량 출신 소리꾼 김남기 선생 등이었다. 갈금마을에 모여 앉은 기행단은 소리꾼이 부르는 〈정선아라리〉를 들으며 문학적 상상력을 키웠고, 고되게 살아온 정선 사람들의 삶을 되새김질 했다.

10

구절리
구절탄광에서 레일바이크 명소로

양의 창자를 닮은 길, 그래서 더 처연해 왔던 길을 자꾸만 돌아보게 만드는 길. 한때 막장 인생들이 세상의 끝이라 생각하며 찾아들었고, 그중 누군 죽어서 떠나고 누군 살아서 떠난 길, 구절리 가는 길.

구절양장 같은 길

삶과 죽음이 교차했던 그 길을 따라 구절리로 간다. 여량에서 구절리로 가는 길은 구절양장처럼 구불구불하다. 동박나무가 많았다던 유천리를 지나고 홍터 지나고 자개골 가는 길을 지난 후 오래된 철교 다리 아래를 두 번이나 빠져나가야 비로소 나타나는 마을 구절리.

탄광이 문을 닫고 종착역이던 구절리역마저 문을 닫았을 때 구절리는 버려진 마을이었다. 그 시절 탄광이 있던 산자락엔 석탄 더미가 쌓여 있었고, 철길 끝 저탄장엔 미처 실어 가지 못한 무연탄이 군데군데 남아 있었다.

연탄불을 때던 강 건너 탄광 사택 건물은 이사 간 흔적만이 고스란히 남아 있어 쓸쓸함을 더했고, 탄가루 들썩이던 거리는 개 한 마리 지나가지 않았다. 목구멍에 낀 탄가루를 씻어 낸다며 술추렴을 하던 삼겹살집도 정육점도 담배 가게마저도 문을 닫은 구절리에 문을 연 집은 역 앞 두부 공장뿐이었고, 노추산 등산을 계획했던 사람들만이 순두부를 먹고 있었다.

1974년 12월 여량에서 구절리 구간이 개통되면서 정선선 전 구간이 개통되었다. 정선선 출발역인 증산에서 구절리까지의 총연장 45.9km로 백 리 길이 조금 넘었다. 그리 길지 않은 구간에 철도역이 일곱 개나 있었고, 구절리역은 그중 종착역이었다.

철도가 놓이자 사람들이 몰려들었고 음식점과 상점이 생기면서 구절리는 번듯한 마을이 되었다. 심심산골이었던 구절리에 철길이 깔린 것은 순전히 구절탄광에서 생산되는 무연탄을 실어 나르는 게 목적이고 이유였다. 기차는 그 역할에 충실했다. 탄광에서 나온 무연탄은 검은 화물차에 연일 실려 나갔다. 구절리에 있던 탄광은 1988년 정부의 석탄산업합리화 정책으로 인해 1990년대 초 폐광이 되었다.

내륙 산중 깊이 있는 마을 구절리는 인생의 종착역처럼 느껴진 탓에 시인들이 즐겨 찾았다. 탄광이 활황일 때는 인생 막장을 이야기했고, 탄광이 문을 닫았을 때는 폐광지의 쓸쓸함을 노래했다.

구절리에 있던 탄광이 폐광되고 난 후 아우라지역에서 구절리역 7.2km 구간 또한 폐선되었다. 2004년이었다. 1974년 개통 이후 30년 만의 일이다. 폐광에 이어 기차마저 끊기자 역무원이 떠났고, 그나마 남아 있던 사람들도 미련 없이 떠났다. 유일한 교육기관인 구절초등학교는 폐교가 되었고, 어린이집도 문을 닫았다.

레일바이크 운행

버려진 마을이었던 구절리가 변하기 시작한 건 그때부터였다. 폐선된 구절리—여량(아우라지역) 구간에 레일바이크 운행 계획이 세워졌다. 변화의 시발점이었다. 사업계획이 발표되자 석탄 더미가 쌓여 있던 저탄장의 무연탄이 치워지고 구절 탄광이 있던 자리엔 나무도 심었다. 사람들은 거리를 뒤덮었던 연탄 분진을 씻어 냈고, 굳게 닫아 놓았던 구절리역도 다시 열었다.

거리와 마을이 단장되던 시간 구절리역을 중심으로 상점이 열렸고, 신축 건물엔 카페와 음식점이 들어섰다. 사람들이 돌아오자 구절리는 다시 활기를 되찾기 시작했다.

구절리가 과거 탄광 마을이었음을 지워내는 일은 그렇게 이어졌고, 2005년부터 레일바이크 운행이 시작되었다. 레일바이크 출발지는 해발 고도가 높은 구절리역이었다. 아우라지역까지 거리는 7.2km이며 소요 시간은 50분 정도 걸렸다.

정선레일바이크 한때 석탄을 나르기에 분주했던 구절리역은 지금은 레일바이크 승객들을 위한 공간이 되었다. 구절리역 매표소에서 레일바이크 표를 사고, 열차 승강장에서 철길 자전거를 타면 된다. 아우라지역까지 7.2km를 시속 15~20km의 속도로 달린다.

구절리역을 출발한 레일바이크가 아우라지역에 도착하면 풍경열차가 기다리고 있다. 풍경열차는 레일바이크를 이용했던 여행자들 모두를 태워 구절리역으로 귀환한다.

나도 방문자들에게 안내해 주기 위해 레일바이크를 계절별로 타본 적이 있다. 철교와 터널이 많은 구절리역에서 아우라지역까지의 구간은 언제나 아름다웠다. 기찻길 옆으로는 송천이 흐르고, 송천이 만들어 낸 협곡은 천혜의 비경이라 할 만했다. 시원한 바람을 가르며 달리는 레일바이크는 크게 힘들지 않지만 마지막 구간인 아리랑 고개를 넘을 때는 벅차긴 했다.

"아이고, 이거 타는 게 김매는 거보다 되다."

경상도에서 왔다는 할머니께서 레일바이크에서 내리면서 한 말인데, 아리랑 고개넘기가 힘들었다는 거였다. "그래도 재미는 있지요?"라고 물었더니 팔순이 다 되었다는 할머니는 "재미가 없으면 타간" 하고 말했다.

탄성이 절로 나오는 풍경열차

아우라지역에서 타는 풍경열차는 레일바이크 이용객만 탈 수 있는 특별열차인데, 어쩌면 레일바이크를 타는 것보다 더 재미있다. 풍경열차는 레일바이크를 타면서는 볼 수 없었던 풍경을 선사하는데, 협곡과 터널을 지날 때는 다들 탄성을 지르기 바쁘다.

구절리는 오랫동안 생의 막장 같은 동네였다. 종착역인 구절리역이 그랬고, 탄광의 막장이 그랬고, 도로 또한 구절리가 끝이었다. 세상으로 나오기 위해선 돌아 나와야 했었는데 그 마을에서 대기리로 가는 도로가 뚫리면서 고립은 피했다. 그 길 역시 드라이브하기엔 좋은 길이다. 대기리로 가는 도중엔 오장폭포가 있다. 높이가 127m나 되며 차 안에서 폭포를 감상할 수 있는 장점이 있다.

정선풍경열차 구절리역에서는 정선풍경열차가 먼저 아우라지역을 향해 출발한다. 뒤이어 정선레일바이크를 타고 오는 승객들이 아우라지역에 도착하면 그들을 태우고 다시 구절리역으로 이동하기 위해서이다. 풍경열차 이름은 아리아리호이다.

노추산 오장폭포와 이성대

오장폭포는 정선의 명산 중 하나인 노추산(1322m)에서 발원한 폭포로 떨어지는 물줄기가 장쾌하며 그 모습이 가을 단풍과 어우러질 때면 아름답기 그지없다. 노추산은 노나라 노(魯), 추나라 추(鄒)를 써서 노추산이라는 이름이 붙었으며 노나라의 공자, 추나라의 맹자와 같이 학문을 성취하라는 뜻이 담겨 있다.

노추산 정상 부근에 가면 '이성대(二聖臺)'라는 전각이 있으며, 2층 누각엔 '노추사'라는 현판이 걸려 있다. 이성대는 신라 때 인물 설총과 조선 때 인물 율곡 이이가 입산하여 학문을 닦던 곳으로 누각 2층에는 설총과 이이의 위패와 영정을 봉안해 두고 있다. 맑은 날 이성대에선 소백산과 월악산이 조망될 정도로 겹겹이 쌓인 산정을 감상할 수 있으며 등산로는 잘 정비되어 있다.

겨울 정선

떠남은 계절과 상관없이 늘 설레는 일이지만 겨울 여행은 역시 눈과 얼음이 있어야 풍성하고 제맛도 느낀다. 유럽에서 활동했던 어느 향수 전문가는 정선의 겨울 풍경을 보며 이런 탄성을 지른 적이 있다.

함백산의 겨울나무

"이렇게 아름다운 겨울 풍경이 있다니, 정선의 겨울은 환상입니다!"

환상, 맞다. 어느 해인가, 그때도 정선엔 눈이 가득했고 다리 아래로 흐르는 강도 투명한 얼음이 잡혀 햇살에 반짝이고 있었다. 향수 전문가도 반했던 정선의 겨울 풍경은 폭설이 내린 후 만들어졌다. 그해 겨울 들어 두 번째 내린 눈이자 긴 겨울 가뭄 끝에 내린 폭설이었다. 아침부터 내리기 시작한 눈은 오후가 되자 정선을 설국의 땅으로 만들었다. 눈이 내린 날 주변은 온통 하얗기만 하여 어디가 산인지 어디가 사람이 사는 마을인지 분간도 되지 않는다.

폭설이 지나간 후 정선지방에는 혹한이 찾아왔다. 산골 집 윗목에 둔 자리끼가 얼고 문고리에 손이 쩍쩍 들러붙던 어린 시절을 떠올리게 할 정도로 추위는 맹렬했다. 영하 20도를 넘나드는 추위가 이어지자 계곡은 얼어붙었고 읍내를 휘도는 조양강에도 얼음이 잡히기 시작했다.

사람이 올라가도 꺼지지 않을 정도로 언 얼음 아래로 물고기들은 유영했고, 그 모습은 다리 위에서도 보일 정도로 아름다웠다. 다리를 건너던 여행자들은 그 모습을 보며 "어머어머!" 하며 소리를 질렀고, 사람들이 모여들었다. 그 무렵이었다. 건장한 사내 열댓 명이 언 강에 나타났는데, 그들의 손에는 긴 장대로 만든 작살과 도끼 그리고 포대 등이 들려 있었다. 서너 명이 한 조를 이루어 겨울 천렵을 즐기는 정선 사람들. 그들은 전통 방식을 고수하듯 얼음판으로 흩어지며 얼음장 아래를 오가는 민물고기를 몰았다. 어른 허벅지만 하다면 과장일까. 큰 물고기들이 이리저리 오가는 모습은 다리 위에서도 다 보였다.

"아저씨, 저기요! 저기로 가요!"

다리 위 구경꾼들이 더 신났다. 구경꾼들의 외침에 사내들의 발걸음은 더욱 바빠졌다. 겨울이라 물고기들의 움직임이 빠르지는 않았다. 물고기는 발소리가 쿵쿵 나면 몇 미터 움직이다가 멈추길 반복했다. 물고기가 어느 순간 멈추는가 싶으면 도끼를 든 사내가 등장하여 얼음을 깼다. 퍽퍽, 두어 차례 내리치자 얼음 구멍이 났다. 그 순간 긴 장대를 든 사내가 얼음 구멍으로 작살을 찔러 넣었다.

"잡았다!"

작살을 든 사내의 외침과 함께 주변은 떠들썩한 환호가 이어졌다. 작살에 걸린 물고기가 얼마나 컸던지 작은 얼음 구멍을 빠져나오지 못했다.

"어이, 더 찍어 더!"

작살을 든 사내의 말에 도끼질이 몇 번 더 이어졌다. 얼음

얼음낚시 영하 20도를 넘나드는 추위가 이어지면 계곡은 얼어붙고 읍내를 휘도는 조양강에도 얼음이 잡히기 시작한다. 손에는 긴 장대로 만든 작살과 도끼 그리고 포대자루 등을 가지고 서너 명이 한 조로 즐기는 겨울 천렵은 신난다. 옛 정취를 되살린 정선 고드름 축제 기간에는 얼음썰매, 눈썰매, 송어 얼음낚시, 맨손으로 송어잡기 등을 즐길 수 있다.

구멍을 넓히고야 작살이 조심스럽게 들려졌고, 얼음판을 나오자 큰 물고기가 퍼덕거리며 떨어졌다. 물고기의 이름은 누치. 여름 장마철에나 어쩌다 구경을 해볼까 싶을 정도로 큰 누치는 민물 심해 어종으로 겨울철이 제맛인 물고기이다. 민물회를 즐겨 먹는 이들에겐 매운탕보다 횟감용으로 쓰이는데, 누치 회맛은 서해에서 잡히는 망둥어 맛과 비슷했다.

 사내들의 겨울 천렵은 한동안 이어졌다. 그들의 작살엔 누치뿐 아니라 팔뚝 만한 송어도 올라왔고, 붕어도 올라왔다.

다리 위에서 구경을 하던 사람들도 신나긴 마찬가지라 사진 찍으랴 물고기 이동 동선 알려주랴 바빴고, 그러는 사이 큰 포대엔 물고기가 그득해졌다. 물고기 담당인 남자는 썰매를 끌듯 포대를 끌며 작살을 든 사내를 쫓았고, 얼음판 곳곳에 도끼 자국이 났다.

정선에서 가장 너른 강폭을 자랑하는 뱃터 거리는 어린 시절을 정선에서 보낸 이들에겐 추억의 장소이다. 여름이면 헤엄을 치며 강을 건넜고, 겨울이면 스케이트장이 있어 빙상대회가 열렸던 강은 바닥까지 훤히 보이는 맑은 강이었다. 세월이 흘러 언 강에서 얼음을 지치는 아이들은 없지만, 어른들은 맑은 얼음이 잡히는 날이면 아이들보다 신난 표정으로 겨울 천렵을 나간다.

11

구미정
은둔자의 사색 공간이 〈추노〉의 무대로

십여 년 전이던가. 인기리에 방영되었던 드라마가 있었다. 조
선 후기가 배경인데, 도망간 노비를 체포하여 의뢰인에게 넘겨
주거나 밀린 몸값을 받아오는 독특한 직업을 다룬 〈추노〉라는
드라마였다. 도망간 노비에게는 이마에다 노비 인장을 불로 지
져 새기는데, 그 낙인은 소 엉덩이에다 달군 쇠도장을 찍어 소
유권을 나타내던 고대 유럽의 이야기와 하등 다르지 않았다.

충격적인 내용 같지만 신분 질서를 중요시하던 시절 노비
는 사람이 아니라 실제 노동력을 제공하는 마소와 같은 급으
로 여겨졌다. 시집가는 딸에게 토지와 함께 노비 몇 명을 얹어
주는 식이었으니 말이다.

조선시대에 그런 직업도 있었나 할 정도로 흥미로운 작품으로 기억되는 드라마 추노 이야기는 조선 후기 노비제도를 설명하는 중요한 역사적 사실이 되어 교과서에도 실렸다.

드라마 〈추노〉의 무대

드라마 마지막 회쯤인가 눈에 익숙한 배경 하나가 눈에 들어왔다. 드라마 내내 쫓기고 쫓던 주인공들이 마지막으로 만난 곳은 다름 아닌 정선군 임계면에 있는 절경 '구미정(九美亭)'이었다. 뛰어난 영상미로 시청자들의 눈을 사로잡았던 드라마답게 구미정 일대에서 펼쳐진 칼잡이들의 대결 장면은 가히 드라마의 대미를 장식할 만했는데, 레드톤으로 제작된 그 영상이 얼마나 환상적이었던지 지금도 눈에 선하다.

구미정은 여량과 임계 사이에 있는 정자로 숨이 멎을 듯 깎아지른 석회석 암벽 뼝대와 너래반석 사이로 굽이쳐 흐르는 옥빛 물이 아름다운 곳이다. 여량이나 임계 어디에서 출발을 하나 구미정으로 향하는 길은 아리랑 가락처럼 구불구불 이어지는데, 차량 통행이 뜸한 곳이라 드라이브를 하기에도 좋고 강바람을 맞으며 걸어도 좋다.

나는 오래전 도암댐 해체운동을 하면서 도법 스님 일행과 생명평화순례를 정선에서 일주일간 진행한 적이 있었다. 그중 한 구간이 여량에서 구미정을 지나 임계까지 가는 코스였다. 여량에서 임계까지 하루 여정으로 시작된 순례길은 국도를 걸어야 하는 다른 구간에 비해 걷기가 수월했고, 길도 아름다웠다. 여름철이라 무더위가 기승을 부리던 때였는데, 걷다가 더우면 물에 첨벙 하는 재미도 좋았다. 물 반 고기 반이라고 알려진 골지천은 어딜 들여다보아도 민물고기가 많았다. 소문은 사실이었고, 함께 순례길에 오른 1백여 명의 도시 학생들은 강물 속을 들여다보며 물살을 치고 오르는 물고기를 무척이나 신기해했다.

구미정이 품은 아홉 가지 풍경

강변 길을 걸어 구미정에 당도했을 땐 함께 걸었던 순례자들 모두가 탄성을 내지르며 주변 풍경에 감탄했던 기억이 새로운데, 구미정은 누가 봐도 정자 하나쯤은 있어야 할 법한 그 자리에 우뚝 서 있었다.

구미정은 아홉 가지 아름다운 풍경을 볼 수 있다 하여 지어진 이름으로 펼쳐진 풍경은 가히 신선의 터라 해도 좋았다. 정자 편액(扁額)에는 아홉 가지 풍경을 다시 세분한 구미정 18경이 적혀 있으나 청량하게 들려오는 바람소리나 물소리는 포함되지 않았다.

구미정이 정의한 아홉 가지 아름다움이란, 개울에서 물고기가 위로 올라가기 위해 비상할 때 물 위에 삿갓(통발)을 놓아 잡는 물막이인 어량(漁梁), 밭두둑, 전원의 경치를 뜻하는 전주(田疇), 개울가에 있는 넓고 편편한 큰 바위섬인 반서(盤嶼), 층층으로 이루어진 절벽인 층대(層臺), 정자 뒤편 반석 위에 생긴 작은 연못인 석지(石池), 넓고 큰 바위인 평암(平岩), 정자에 등불을 밝혔을 때 연못에 비치는 경치인 등담(燈潭), 정자 앞 석벽 사이에 있는 쉼터의 경치인 취벽(翠壁), 주변 암벽에 줄지어 있는 듯이 뚫려 있는 아름다운 바위구멍인 열수(列岫) 등이다.

구미정 이야기

구미정은 조선 숙종 때 공조참의를 지낸 이자(李慈, 1652~1737년)가 1692년 나이 마흔에 지은 정자로, 그는 좌의정 겸 대제학을 지낸 부친 외재 이단하가 기사사화(1689년, 숙종 15년)에 연루되자 관직을 버리고 임계 봉산리로 은거하였다.

기사사화는 사극에도 가끔 등장하는 이야기로 숙종의 원비 인경왕후와 계비 인현왕후가 왕자를 낳지 못하면서 생긴 정쟁이었다. 숙종은 두 왕비와 혼인을 하였으나 20여 년간 왕자를 보지 못했다. 그러던 중 후궁인 소의장씨가 1688년 아들

구미정9경 여량과 임계 사이에 있는 구미정의 풍경. 숨이 멎을 듯 깎아지른 석회석 암벽 뼝대(바위로 이루어진 높고 큰 낭떠러지. 강원 지방의 사투리)와 너래반석 사이로 굽이쳐 흐르는 옥빛 물이 아름다운 곳이다. 사진 속에서 구미정9경을 찾아 보자.

균을 낳았고, 왕자의 탄생으로 서인과 남인으로 갈라진 정국은 뜨겁게 달아올랐다.

후궁의 소생이지만 왕자가 생기자 숙종은 이듬해인 1689년(숙종 15년) 1월 균을 자신의 후사를 이를 원자로 삼고 소의장씨를 희빈으로 책봉했다. 당시 서인의 우두머리였던 송시열은 임금의 결정에 반대하고 나섰다. 소의장씨가 남인 계열이었기 때문이었다. 화가 난 숙종은 그의 관직을 삭탈하여 제주도로 유배하고, 영의정 김수흥을 비롯한 많은 서인 계열 인사들을 파직·유배했다.

이후 송시열은 제주도에서 정읍으로 유배지를 옮기던 중 사약을 받았고, 김만중·김익훈·김석주 등은 보사공신의 호를 삭탈당하거나 유배당했다. 숙종은 또 인현왕후가 원자 책봉에 불만을 품고 있다는 이유를 들어 중전까지 폐비하고자 했다. 이에 서인이 다시 반대하자 그들마저 유배를 보낸 숙종은 결국 인현왕후를 폐비했다. 반대파를 제거한 숙종은 원자 균을 세자로 책봉했고, 세자의 친모인 희빈장씨를 중전 자리에 앉혔다. 그녀가 그 유명한 장희빈이고 구미정이 생기게 된 원인 제공자 중 한 명이다.

희빈장씨가 중전 자리에 앉으면서 사화는 끝이 났다. 하지만 서인이 남인에게 정권을 빼앗기는 과정에서 많은 이들이 유배를 가거나 죽어 갔으며 역사는 이때를 기사환국 또는 기사사화라 기록했다. 당시 사화에 연루된 이들 중에는 이자의 부친 이단하가 있었고, 이자는 가문을 살리기 위해 은거를 택했다.

"그대는 스승만 알고 임금은 알지 못하는구나."
숙종이 어전에서 이자의 부친 이단하에게 했던 말로 1674년

구미정 강원도 정선군 임계면 봉산리 골지천 구미계곡에 있는 정자. 임계면 봉산리에 은둔한 이자는 수고당과 구미정을 지었다. 구미정은 아궁이가 있는 구들방 하나와 마루로 구성된 거주 목적의 공간으로 이자는 이곳에 며칠씩 머무르면서 생각을 정리하거나 서책을 읽었던 것으로 보인다.

12월 18일에 있었던 일이다. 이때 숙종의 나이 열세 살이었고, 왕위에 오른 지 4개월밖에 안 된 어린 임금이었다. 반면 이단하는 이조참판으로 나이는 마흔이었다.

숙종이 이단하에게 이 말을 한 까닭은 송시열이 숙종의 아비 현종이 장남이 아니었다며 출신 성분을 깎아내린 일 때문이었다. 숙종은 그 일을 이단하에게 명해 송시열의 불경한 언행을 현종의 행장에 가감 없이 기록하라 했다. 하지만 이단하는 송시열이 자신의 스승이기에 어렵다며 기록하지 않았다. 이에 화가 난 숙종은 이단하를 그 자리에서 파직했고, 이단하는 궁을 나와야 했다.

외재 이단하(畏齋 李端夏, 1625~1689년)는 실학자이자 문인이며 여한구대가(麗韓九大家)로 손꼽혔던 택당 이식(澤堂 李植, 1584~1647)의 막내아들로 태어나 송시열의 문하에 들어갔다. 하지만 그것은 가문엔 화근이었고, 결국 그의 아들 이자는 은둔을 선택했다.

임계면 봉산리에 은둔한 이자가 수고당과 구미정을 지은 까닭은 이러했다. 구미정은 아궁이가 있는 구들방 하나와 마루로 구성된 거주 목적의 공간이었다. 그래서 애초엔 구미정사(九美精舍)였다. 그러던 것이 세월이 흐르면서 구미정이 되고 말았는데, 당시 이자는 구미정을 하루에 다녀오는 게 아니라 며칠씩 머무르면서 생각을 정리하거나 서책을 읽었던 것으로 보인다.

봉산리에 있는 이자의 집은 ㅁ자 한옥으로 마당 한 켠에 자신의 호를 딴 별당 한 채를 지었다. 건물 이름을 자신의 호를 따 수고당(守孤堂)이라 명했다. 수고당은 '외로움을 지키는 집'이라는 뜻이며, 세상을 멀리한 이자가 당시 어떤 심정으로 은둔 생활을 했는지 짐작할 수 있다.

이자는 수고당에서 『양선집장산기(兩先集藏山記)』와 『수고당기(守孤堂記)』 등을 편찬하였으며 그 서책들은 이자의 집과 함께 강원도 유형문화재로 등록되어 있다. 수고당에는 조부 택당공과 부친 이단하의 유품을 비롯하여 각종 시문 초고·교지 및 전적과 간찰·서화 등이 보존되어 있다.

그중에서도 특히 외재 이단하 내외의 대례복(국가민속문화재 제4호)은 조선 후기 의복 연구에 중요한 자료로 평가받고 있으니 정쟁을 피해 임계에 은둔한 이자의 선택은 적중한 셈이다. 이자의 집은 현재 '이종후 가옥'으로 강원도 유형문화재로 지정되어 있으며 후손들이 대를 이어 거주하고 있다.

"이것은 나의 독서의 힘이다"

외재 이단하가 세상을 뜨자 『조선왕조실록』은 이렇게 기록했다.

행 판돈녕부사(行判敦寧府事) 이단하(李端夏)가 졸(卒)하니, 나이 65세이다. 이단하의 자(字)는 계주(季周)이니, 어려서 정훈(庭訓)을 승습(承襲)하여 독실(篤實)하고 돈후(敦厚)하며 내행(內行)을 심히 갖추었다. 경학(經學)이 또 우수(優秀)하여 문장(文章)을 하는데 조각(彫刻)하는 태도가 없었다. 젊었을 때에 사리(事理)를 해득하기 어려운 경우를 당하면 정도(程度)에 지나치도록 탐색(探索)하였다. 그러나 중년 이후로는 자못 의사(意思)가 관대하고 화평하여졌음을 깨닫고 일찍이 사람에게 말하기를, "이것은 나의 독서(讀書)의 힘이다." 하였다. 조정(朝廷)에 서서 벼슬한 지 30년에 지위(地位)가 삼사(三事)에 이르렀으나 몸가짐은 한사(寒士)와 같았으며, 언행(言行)은 성(誠)을 주장으로 삼았다. 붕당(朋黨)을 타파하는 데는 매양 태괘(泰卦)를 말하였으며, 기황(飢荒)을 구휼하는 데는 곧 사창(社倉)을 논하였다. 사람들이 혹 그의 오활(迂闊)함을 기롱하였으나 나라를 위하고 백성을 위하는 뜻은 언제나 측달(惻怛)하였다. 송시열(宋時烈)은 일찍이 칭찬(稱讚)하기를 "계주(季周)는 조금도 거짓이 없는 참된 사람이다." 하였고, 논하는 자는 "돈후(敦厚)하기가 이단하(李端夏)와 같고

결백(潔白)하고 소박(素朴)하기가 김만중(金萬重)과 같으면, 비록 옛날의 명신(名臣)일지라도 이보다 나을 수 없다." 하였다. 유사(有司)가 말하기를, "치제(致祭)함이 마땅합니다." 하니, 임금이 명하여, "거행(擧行)하지 말라." 하였다.

— 1689년 숙종 15년 3월 30일자 기사

신흠과 이정흠, 장유 등과 함께 조선문학 4대가에 꼽힐 정도로 뛰어난 문장가였던 택당공 이식과 그의 아들 이단하, 그리고 이단하의 아들 이자로 이어지는 문인의 피가 구미정을 만들게 했는데, 현재의 구미정은 과연 그 역할을 하고 있을까.

수고당 이자는 글을 집필하다가 막힐 때면 구미정에 나와 주변 풍경을 즐기며 한시를 읊었다고 전해진다. 하지만 아쉽게도 현재의 구미정은 당시 건축물이 아닌 관계로 문화재 지정이 되지 않았다. 그런 이유인지 정자 건물은 관리가 되지 않고 있으며 여름철이면 피서객들이 정자에 신발을 신고 올라가는 건 예사고 바닥에 신문지를 깔아 놓고 술을 마시거나 삼겹살을 굽는 모습 또한 심심찮게 볼 수 있으니 어인 일인지.

여랑에는 오랜 세월 쉬쉬하면서도 질기게 전해지는 전설 같은 이야기가 있다. 전설인지 사실인지 알 순 없지만 피해자와 가해자는 분명히 존재하고 그 상처 역시 안고 살아가는 이야기이기도 하다. 여랑 땅에 구구하게 떠도는 그 이야기는 오랜 세월을 거슬러 올라가야 만날 수 있는데, 이야기는 일제가 종전선언을 한 1945년 8월 15일부터 시작된다.

일제가 떠난 여랑 땅에도 해방이 찾아왔다. 태평양전쟁을 수행 중이던 일제를 위해 국방헌금을 다투어 내던 시골 사람들은 황당했을 것이다. 승승장구하던 일제는 졸지에 패전국이 되어 조선을 떠났다. 일제가 물러간 자리엔 미군정이 들어섰고, 신탁통치로 인해 남한은 미군정의 지배하에 놓였다.

해방의 기쁨은 잠시였고, 백성들은 '이념'이라는 것을 받아들여야 했다. 남과 북, 남조선과 북조선, 둘 중 어느 쪽이든 선택해야 하는 혼돈의 시기였다. 그 시절 누군가는 올라갔고, 누군가는 내려왔고, 누군가는 살던 땅에 주저앉았다. 혼란은 그렇게 이어졌고, 이념은 곧 조국의 분단을 의미했다. 한때 미국을 원수라며 일제에 헌신하던 동네 친일파의 발걸음은 그 어느 때보다도 빨라졌다. 미군정 시대가 열리자 그들은 지극히 자연스럽게 미군정의 협력자가 되었고, 이승만 정부가 들어서자 반공을 기치로 내건 애국주의자로 변모했다. 중앙 권력이든 동네 권력이든 그렇게 일제에서 미군정으로, 이승만 정부로 이어졌다. 통탄할 노릇이었으나 약삭빠른 이들을 당해낼 재간은 너나 나나 없었다.

1949년 여름이 되자 북으로 넘어갔던 젊은이들이 산을 타고 내려왔다. 그들은 오대산을 넘어 백두대간으로 이동했는데, 지리산으로 내려간 이현상과 영양 일월산 일대에서 활동한 김달삼이 그들이었다. 두 사람은 각각 부대 사령관을 맡아 부대를 지휘했는데, 둘 다 남한에서 북으로 올라가 유격대 교육을 받고 남하한 남한 출신 빨치산이었다.

그중 김달삼은 제주 사람으로 본명은 이승진이며, 일본 츄오대학 출신이었다. 그는 미군정 시절이던 1948년 4월 3일 제주 봉기 때 유격대사령관을 지낸 인물이기도 했다. 제주 봉기의 주역이었던 김달삼은 그해 8월 해주로 올라갔고, 강동정치학원을 거쳐 빨치산 사령관이 되어 다시 남으로 내려온 것이었다.

정선을 거쳐 일월산으로 내려간 김달삼 부대는 영천을 지나 부산 언저리까지 활동 범위를 넓혔으며 토벌대를 피해 하룻밤에 1백 리 길을 이동하기도 했다. 당시 이승만 정부는 제주와 대구, 지리산과 백두대간 일대 등 전국적으로 활동하고 있는 빨치산을 토벌하기 위해 전력을 기울였고, 김달삼 부대는 토벌대인 '태백산지구전투사령부' 병력에 의해 쫓기는 신세였다. 보현산, 일월산, 백암산 등에서 쫓긴 김달삼 부대는 소백산을 넘어 정선 고양산을 지나 여량 반론산까지 왔다. 그날이 1950년 3월 20일이었으니 겨울의 끝자락이었다.

김달삼 부대의 움직임을 파악하고 있었던 토벌대는 여량과 아우라지 일대에 진을 치고 기다리고 있었다. 달리 도망갈 곳도 없는 길, 머뭇거리는 사이 토벌대의 공격이 시작되었다. 밤새 이어진 공격으로 김달삼 부대는 큰 상처를 입고 역사 속으로 사라졌다. 포로가 된 이들 사이로 시신이 즐비했고, 토벌대는 사령관인 김달삼을 찾기 위해 시신들을 모았다. 여기서부터 여량에 떠도는 전설 같은 증언이 이어지는데, 사연은 이러했다.

그 시절을 보낸 여량 사람들 말이, 김달삼을 찾긴 해야 하는데 얼굴을 아는 사람이 없었다는 거였다. 토벌대는 수소문 끝에 당시 강릉경찰서장이 김달삼과 동문수학했다는 사실을 파악하고 서장을 여량 반론산 현장으로 불려 올렸단다. 오후쯤에 도착한 서장은 빨치산 시신이 모여 있는 곳에서 김달삼으로 보이는 인물을 찾아냈다고 한다.

"이자가 김달삼입니다."

서장의 말에 군인도 아닌 마을 사람 누군가가 김달삼의 목을 쳤다고 한다. 그 목을 항간에는 헬기로 서울 국방부로 옮겼다고도 하고 지프차로 옮겼다고 하나 어쨌든 김달삼의 목을 서울 국방부로 옮겼단다.

　문제는 그 후였다. 1950년 6월 25일 한국전쟁이 발발하자 국군은 대책 없이 밀렸고, 여량 땅에도 인민군이 진주했다. 마을엔 인민위원회가 설치되고 여맹이 만들어지면서 보복이 시작되었다는 거였다. 한마을에 살았던 주민들이니 누가 무슨 일을 했는지 다 아는 처지라 반동을 찾아내는 것은 쉬웠다.

　그들은 3월 20일 토벌대가 김달삼 부대를 토벌할 때 협조한 이들을 인민재판에 부쳤고, 김달삼의 목을 친 사람도 끌려왔다. 그들은 다 죽임을 당했고, 김달삼 목을 쳤다는 이의 어린 아들이 하나 있었는데, 구사일생으로 살아났다고 한다. 어린 아들은 성장하여 후에 여량면장을 한 누구라는 것까지가, 전설이었다.

　강릉경찰서장이 김달삼을 지목했다는 말도 믿기 어렵지만 군인도 아닌 민간인이 무슨 연유로 빨치산 사령관 김달삼의 목을 쳤다는 건지 그 말도 믿기 어려운 건 사실이다. 1948년 제주에서 김달삼과 평화회담을 했던 김익렬은 그 무렵 전국에서 김달삼을 잡았노라 해서 달려가 보면 아니었다고 했다. 전과를 높이기 위한 일이 다반사였던 시절, 김달삼의 얼굴을 유일하게 아는 김익렬의 증언이 더 신빙성이 있어 보이는 건 어쩐 일인지.

　나는 제주 4·3과 김달삼을 추적한 소설 『위험한 특종』에서 그러한 이야기를 비중 있게 다루었는데, 여량에서 만난 김달삼 이야기는 전설처럼 흥미롭기는 했다. 아무려나 김달삼의 목이 진짜로 잘렸는지 어쨌는지 알 수는 없지만 그러한 일로 여량 반론산 자락엔 '김달삼모가지잘린골'이라는 전국에서 두 번째로 긴 지명이 생겨났다. 현대사가 만들어 낸 그 무시무시한 지명이 지금까지 존재하고 있으니 대한민국의 현대사는 참으로 모질다.

12

화암8경 : 제1경 화암약수
제2경 거북바위 · 제3경 용마소

화암8경이 있는 마을로 간다. 화암면은 맑은 물이 연중 흐르는 계곡이 일품이며 어딜 가나 기암과 깎아지른 직벽이 병풍처럼 펼쳐져 있는 정선 최고 명승지이다. 천혜의 비경을 자랑하는 화암(畵岩)은 곧 '그림바위'라는 뜻인데, 그림같이 아름다운 바위가 온 마을에 널려 있다고 보면 된다. 그렇기에 마을을 둘러보다 보면 8경은 물론 12경도 부족하다는 생각이 들 것이다.

화암이 조선시대 때 양반과 유림들이 세를 이루었던 안동 근처 어느 마을이거나 유배지인 남도 어느 마을에 있었다면 서원이나 정자 같은 것들이 경치 좋은 곳곳에 세워졌을 게 분명하다. 하지만 산악 깊숙한 곳에 숨어 있었던 때문인지 화암 마을엔 그 흔한 정자 하나 세워지지 않았다.

화암에 8경이 있다지만 8경의 역사는 그리 길지 않다. 정확한 기록이 없어 확인은 불가능하지만 『정선군지』 등의 자료를 보면 1960년대를 즈음하여 8경이 완성된 건 아닐까 짐작한다. 화암 사람들로서는 화암 전체가 명승이다 보니 굳이 그 많은 것 중 여덟 곳을 추려 8경 따위를 만들어야 하나 싶었을지도 모른다. 허나 구슬이 서말이라도 꿰어야 보배라는 말이 있듯 8경이라고 이름을 붙여 놓으니 그곳들이 새롭게 보이긴 한다.

화암 제1경 화암약수

화암약수는 1910년경 화암마을에 살던 '문명무'라는 노인이 발견했다는데 사연은 이러하다. 어느 날 밤이었다. 노인의 꿈에 화암약수 뒷산인 구슬봉이 나타났다. 주변으로는 안개가 자욱했고, 비도 세차게 내렸다. 잠시 후엔 비가 그치며 구름 사이로 햇살이 내리비쳤다. 해가 드는가 싶더니 갑자기 비바람이 몰아쳤고, 안개가 몰려왔다. 괴이쩍은 날이었다.

무슨 일이 생길 듯한 날씨는 그렇게 한동안 이어졌다. 해가 뜨고 지고 비바람이 몰아치기를 여러 차례 반복하더니 어디선가 콰르릉 하며 지축이 흔들리는 듯한 굉음이 들려왔다. 그러던 어느 순간이었다. 계곡 틈이 환해지더니 뭔가 거대한 것이 꿈틀거리며 빠져나왔다. 한 마리가 나오고 또 한 마리가 따라 나왔다. 너무 눈부셔 정체를 알 순 없었다. 큰 불덩어리 같은 게 구슬봉 정상으로 올라가는데, 자세히 보니 번쩍이는 여의주를 입에 문 청룡과 황룡이었다. 청룡과 황룡은 서로 몸을 엉키며 몸부림치고 있었는데, 춤을 추는 듯 아름답고 매혹적이었다.

청룡과 황룡은 서로의 몸을 감으며 한참을 놀았다. 신비롭기까지 한 그 모습에 노인은 꿈에서도 넋을 잃고 말았다. 바람도 안개도 잦아든 시간이었다. 천지가 개벽하듯 햇살이 강하게 내리쬐더니 땅이 흔들릴 정도로 큰 천둥이 쳤고, 갑자기 구름이 몰려오고 번개가 크게 쳤다. 다시 천둥이 크게 치는가 싶더니 청룡과 황룡은 크르릉 하며 몸을 비틀었고, 이내 하늘로 사라졌다. 청룡과 황룡이 구름을 뚫고 하늘로 올라가는 순간 노인은 비명을 지르며 잠에서 깨어났다. 잠에서 깬 노인은 꿈이 너무도 선명한 데다 신기하기도 하여 날이 밝으면 그 장소를 가 보리라 마음먹었다. 날이 밝자 노인은 "보통 꿈이 아니야. 신령님께서 금덩어리라도 점지해 주실 게 분명해" 하면서 구슬봉으로 갔다.

화암약수 1910년경 화암마을에 살던 '문명무'라는 노인이 발견했다는 전설 같은 사연을 지니고 있는 화암약수. 이 물에는 철분과 탄산수가 다량 함유되어 있어 위장병, 피부병, 눈병, 위염에까지 효험이 있다고 한다. 국내 약수 중 물맛이 좋기로 유명하다.

계곡을 거슬러 올라간 노인은 청룡과 황룡이 나온 곳을 찾아갔다. 평소에도 맑은 물이 흐르던 계곡이었다. 노인은 용이 나온 곳을 찾아 땅을 파헤쳤다. 한참을 파고 들어가자 바위틈에서 물이 스며 나오기 시작했다. 무슨 일인가 싶어 조금 더 파자 어느 순간 거품을 내뿜으며 물이 치솟았다. 분수처럼 치솟은 물은 노인의 얼굴을 때렸고, 노인은 깜짝 놀라며 엉덩방아를 찧었다.

한번 터진 물은 멈추지 않았다. 마침 목도 말라 콸콸 솟구치는 물을 받아 마셨다. 물맛은 혀가 짜릿하면서도 시원했고, 시원하면서도 사이다를 마셨을 때처럼 짜릿했다. 화암약수는 그렇게 발견되었다. 1백 년 전의 이야기인데, 지금은 전설처럼 전해지고 있다.

화암약수는 철분과 탄산수가 다량 함유되어 있어 위장병, 피부병, 눈병, 위암에까지 효험이 있다고 한다. 한때 위장병이나 피부병이 있는 이들이 장기 투숙하면서 병을 치료했다는 소문이 구구했으나 확인된 바는 없다.

내가 어릴 적인 1970년대만 해도 화암약수를 먹기 위해 왕복 1백 리 길을 걸었다. 지금처럼 물병이 흔한 시절이 아니어서 배부르게 먹고 오는 게 전부였다. 약수라는 걸 처음 먹는 터라 그냥 마시지도 못했다. 지금은 사라졌지만 화암약수 앞에는 나무로 지어진 아주 작은 전방이 있었다. 거기서 당원이나 사카린을 사서 타 마셔야 먹을 정도로 톡 쏘는 성분이 강했다. 그 맛은 마치 사이다와 같아 두어 모금만 마셔도 속이 뻥 뚫렸다.

세월이 흐르면서 화암약수는 국내 약수 중에서 물맛이 좋기로 유명해졌다. 약수터는 관광지로 개발이 되었고, 한때는 계곡 입구에서 입장료를 받기도 했다. 계곡도 있고 주변 풍광이 수려하다. 화암약수는 봄이면 진달래꽃이 만발하고 여름엔 시원한 물소리가 일품이고 가을은 단풍이 곱다. 눈이 펄펄 내리는 겨울은 홀로 여행하기 좋으며 눈 덮인 계곡은 한 폭의 그림이 따로 없다. 또한 화암약수엔 야영객들을 위한 야영 데크를 마련해 두었는데, 여름이 오기 전 예약이 끝날 정도로 이용객이 많다.

화암약수로 밥을 지으면 밥 색깔이 파르스름해지며 밥맛이 부드러워진다. 화암약수에는 건강식으로 알려진 약수밥을 파는 곳이 없어 아쉽지만, 곤드레밥을 전문으로 하는 식당은 있다.

화암 제2경 거북바위

바위가 거북이를 닮았다 하여 거북바위인데, 화암약수 입구

계곡에 표지판이 설치되어 있다. 화암면 시내에서도 잘 보면 거북바위가 보인다. 하지만 그건 아는 사람들 눈에만 보이는 것이고 대개는 직접 올라서 봐야 한다. 길에서 거북바위로 오르는 길은 계단으로 이루어져 있으며 경사가 급해 쉬엄쉬엄 올라야 한다. 계단을 한참 오르면 아래로 화암면 시내가 한눈에 내려다보이고 절벽 위에 둘레 6m의 거북 모양을 한 바위가 서남쪽을 향해 기어가는 듯이 있다.

화암 제3경 용마소

용마소는 화암면 시내 외곽 도로변 개울에 있다. 마을에서 관리하는 휴양지로서 여름철 물놀이객과 야영객이 즐겨 찾는 곳이다. 용마소에도 전설이 하나 전해지는데, 이러하다.

조선시대 중엽 화암마을에 김씨 성을 가진 사람이 살고 있었다. 부친상을 당한 그는 한 도사의 도움을 받아 용마소 인근 길지에 부친을 모셨다. 이후 아들을 하나 얻었는데, 태어난 지 사흘밖에 되지 않은 아기가 벌떡 일어나더니 이곳저곳을 날뛰듯 돌아다녔다고 한다. 아들이 급기야 선반에까지 올라가 앉자 김씨는 아이가 장사가 될 운명을 가지고 태어났다고 생각하였다. 하지만 장사는 곧 역적이 될 조짐이 아니었던가. 멸문지화를 당하게 될 것을 두려워한 김 씨는 고심 끝에 아이를 큰 돌로 눌러 죽였다고 한다.

아이가 죽자 그날 밤 뒷산에 큰 용마가 나타나더니 며칠을 날뛰며 울부짖다가 소에 빠져 죽었다고 한다. 그때부터 사람들은 소를 용마소로 불렀고, 용마를 사람의 몸을 빌어 태어난 아이의 화신처럼 생각했다. 옛날엔 명주실 한 타래를 다 풀어도 모자랄 정도로 소가 깊었다고 하나 지금은 반석에 잔잔한 물이 흐르는 정도이다.

13

화암8경 : 제4경 화암동굴

금을 캐다 발견한 종유동굴

화암동굴은 국가지정문화재 천연기념물 제557호이며, 1922년부터 1945년까지 금을 캤던 천포광산으로 연간 순금 2만 2904g을 생산하는 국내 5위의 금광이었다. 여기까지가 관광객들에게 제공되는 화암동굴의 설명이다. 그렇다면 화암동굴이 어쩌다 발견되었으며 그 행간에 묻힌 금과 관련된 역사는 어떠했을까.

화암 제4경 화암동굴

금(gold)이 화폐나 부의 상징이 아니었다면 아메리카 대륙에 살던 북미 인디언이나 남미 인디언들이 멸종되지는 않았을 것이다. 금을 발견한다는 것이 곧 부자가 된다는 걸 의미하지 않았다면 잉카제국이 멸망하지 않았을 테고, 미국이라는 나라 또한 만들어지지도 않았을 것이다. 영국이 화폐 교환 수단으로 금본위제도를 만들지 않았다면 조선 땅에 '노다지'라는 말도, 골드러시로 인한 그 숱한 살육과 전쟁 또한 생기지 않았을 것이다.

노다지의 유래

우리가 흔히 말하는 노다지라는 말은 영어 '노 터치(no touch)'라는 말에서 유래되었다. 1876년 조선이 문호를 개방한 이후 열강은 다투어 조선과 수호통상조약을 맺었는데, 조선에 맨먼저 들어온 이들의 직업은 다름 아닌 금광개발 업자들이었다. 조선 정부로부터 채굴권을 획득한 그들은 금광개발을 곧장 시작했고, 조선 땅 여기저기에서 금맥이 터지기 시작했다. 그러자 외국인들은 "노 터치!(내 금에 손대지 마!)"라며 조선인 노동자들에게 채찍을 휘둘렀다. 영문 모르던 시절 그 말은 조선인 노동자들 사이에서 '노다지'라는 말로 변형되었는데, '손대지 마'라는 뜻이 아니라 '금맥'이라는 말로 입에서 입으로 전파되었다.

조선인에겐 씁쓸하면서도 모욕적인 신조어 노다지라는 말

화암 제4경 화암동굴 동굴 안에 있는 신비로운 종유석. 동굴 내부를 둘러볼 수 있도록 계단을 만들어 놓았다. 『세종실록』에도 화암면 일대가 금 생산지였다는 기록이 있을 정도로 금의 역사가 깊은 화암면. 일제강점기에 친일파 박춘금이 경영했던 천포금광이 바로 지금의 화암동굴이다. 금을 캐다가 커다란 종유동굴을 발견하게 되었다.

은 그렇게 생겨났고, 노다지를 캐기 위한 걸음은 정선까지 이어졌다. 1889년(고종 26년) 음력 1월에 발생하여 정선관아를 접수했던 '정선민란'도 당시 정선군수 이규학과 결탁한 외부인들이 화암 사람 전군직의 조상 묘를 파헤친 것이 도화선이 되었다지만 원인은 금이었다.

당시 분노한 백성들에 의해 정선군수 이규학이 축출되고 사령 김응추를 불태워 죽이는 등 민란의 파고는 거세었다. 결국 조정에서 급파된 안핵사 정이섭에 의해 좌수와 육방 권속들은 유배를 갔고, 민란을 주동했던 전군직 등이 효수당하면서 민란은 막을 내렸다. 1506년에 있었던 덕우리 사람 김팔발의 난 이후 두 번째로 발생한 정선민란(1889년)은 그렇게 수습되었으나 그 피해는 결코 적지 않았다.

일제에 의한 금광개발

1910년 조선을 강제 병합한 일제는 법령을 제정하면서까지 금광개발을 본격화했다. 총독부가 지원금까지 주면서 금광개발을 독려하자 화암 일대에도 일확천금을 노리는 금광개발 업자들의 발걸음이 끊이지 않았다. 그들은 노다지를 찾아 곳곳을 파헤쳤고, 북동금광과 한치금광 등 크고 작은 금광들이 생겨났다. 그중 그야말로 대박을 터트린 금광이 있었으니 그것이 최근 천연기념물 제557호로 등록된 화암동굴이고 그 시절에 이름은 '천포금광'이었다.

천포금광은 애초 평안북도 출신인 김정숙이라는 여인이 남편과 개발한 곳으로 1932년 무렵 대규모 금맥이 터졌다고 한다. 금광을 시작한 지 8년 만에 노다지를 발견한 김정숙은 천포금광을 당시 돈 20만 원에 소화광업 사장 박춘금에게 넘겼다. 지금 화폐로 3백억 대에 이르는 금광을 매입한 박춘금은 일본 도쿄에서 중의원을 할 정도로 거물 정치인에다 원조 정치 깡패였다.

천포금광을 사들인 박춘금은 당시 강원도지사였던 친일파 이범익에게 도로 개설을 요청했고, 이범익은 거금 10만 원을 들여 정선읍에서 화암에 이르는 신작로를 개설해 주었다. 그 시절 정선군수이자 친일파 김택림은 신작로를 만들어 준 강원도지사 이범익을 칭송하는 영세불망비를 정선군청 앞에 세우기도 했으니 금과 관련된 정선의 친일 역사는 깊고도 깊다.

『세종실록』에도 화암면 일대가 금 생산지였다고 기록되어 있을 정도로 금의 역사가 깊은 화암면. 화암 일대에 금 생산이 활기를 띠자 전국에서 금을 캐기 위한 노동자들이 몰려들었다. 조용한 시골 마을이었던 화암은 신문물을 받아들인 신식 마을로 변해 갔다. 너나없이 먹고 살기 힘들었던 일제강점기 시절 금광은 매력적인 일자리였다. 팔도 사나이들이 모여들자 일제는 화암에 큰 관심을 보였다. 화암면 파견대에 유치장을 만들었으며, 금 생산을 늘리기 위해 정선에서는 가장 먼저 변전소도 세웠다.

정선에서 신작로와 전기가 가장 먼저 들어온 마을 화암은 당시만 해도 별천지였다. 노동자들을 위한 숙소가 속속 들어서면서 유곽이 형성되었고 일본인이 상주하면서 배워야 한다는 교육열도 덩달아 높아졌다. 당연히 천포금광은 마을 경제를 쥐락펴락하는 기업이 되었고, 사람들은 금 부스러기라도 만져 보기 위해 눈에 불을 켜고 다녔다.

거대한 종유석 발견

세월이 흘러 천포금광은 화암동굴로 이름이 바뀌어 화암8경에도 포함되었다. 금맥을 찾아 들어가던 중 동굴이 발견되었으니 처음 그 광경을 목격한 노동자들은 거대한 종유석을 보며 환호했을 것이다. 노동자들은 동굴로 모여들었고, 다들 신기하게 생긴 종유석을 따 화암거리로 나오기도 했을 것이다. 당시 어느 집이고 방문하면 동굴 석순 하나씩은 진열되어 있었고, 실제 동굴을 살피다 보면 석순이 떨어진 자국이나 깨진 자리가 지금도 선명하다.

현재 화암동굴이 천포금광이었다는 역사를 증명해 주는 시설은 화암동굴 식당가 뒤편에 조성된 '천포금광촌'이다. 일제강점기 시절 당시 노동자들이 사용하던 숙소를 비롯하여 대장간, 선술집, 잡화점 등이 재현되어 있다지만 노동자들의 거친 삶이나 일제강점기 금을 수탈해 간 친일파 박춘금에 대한 흔적이나 언급은 어디에도 없다. 화암동굴이 지닌 역사를 몰랐던 것인지, 알면서도 기록하지 않았던 것인지 모르겠지만 현재의 금광촌은 고즈넉하고 평화롭기만 하다.

국내 유일의 테마형 동굴

금광 굴진 중 발견된 천연 종유동굴인 화암동굴은 개미굴처럼 이어진 금광 갱도를 이용하여 금광과 대자연의 만남이라는 주제로 개발한 국내 유일의 테마형 동굴이다. 종유동굴인 화암동굴은 2800㎡ 규모의 광장이고 관람 길이는 1803m로 전체 관람 구간은 5개의 장, 41개 존으로 구성되어 있으며 관람 소요 시간은 두 시간 정도 걸린다. 동굴은 여름엔 한기가 들 정도로 시원하여 피서 인파가 많다. 반대로 겨울은 포근하여 추위를 피하며 금맥 구경을 할 수 있는 곳이라 연중 관람객이 끊이지 않는다.

천포금광 사장 박춘금은 캐낸 금을 기반으로 친일 행각을 노골적으로 했다. 조선총독조차 그에게 인사를 건넬 정도였으니 조선에서 박춘금을 건드릴 자는 아무도 없었다. 그는 일본과 조선을 오가며 금광 사업을 펼쳤으며 각종 이권에도 개입했다.

박춘금은 앞서 1924년엔 전남 하의도 소작 쟁의에 개입하여 하의도 청년들을 무차별 테러했으며, 동아일보가 자신을 험담하는 기사를 썼다는 이유를 들어 김성수와 송진우를 요정에 감금한 채 3천 원을 갈취한 적도 있었다. 관동대지진 때 조선인 사망자 시체처리를 하며 제국의회 중의원까지 된 박춘금에게 조선은 금의환향의 땅이었고, 무엇이든 마음대로 할 수 있는 땅이었다.

일본에서 두 번이나 중의원에 당선된 유일한 조선인 박춘금은 1945년 6월 조선에서 정치조직 대의당을 창당하여 당수가 되었다. 친일 정치조직인 대의당 위원은 우리가 잘 알고 있는 이광수, 김동환, 주요한 등의 친일 문인들이 자리를 잡았고, 당수 박춘금은 반일 인사와 항일 인사 등 30만 명을 체포하여 사살하겠노라 선언했다. 대의당을 만든 박춘금은 1945년 7월 24일 부민관(현 서울시의회 건물)에서 조선 총독과 조선군사령관 등 고위 관료와 정치인·친일파 등이 참석한 '아시아 격려대회'를 개최했다. 조선인들을 전쟁터로 내몰기 위한 선동이 목적이었던 부민관에서 열린 대회는 조문기·윤만수·강윤국 등 세 명의 애국청년이 설치한 다이너마이트가 폭파되면서 아수라장이 되었고 대회는 무산되었다.

인기를 끌었던 드라마 〈여명의 눈동자〉와 〈야인시대〉 등에도 등장하는 박춘금의 친일 행각은 치가 떨릴 정도로 악랄했지만, 그 자금의 원천은 천포금광을 비롯한 박춘금 소유 금광의 금이었다. 박춘금의 친일 활동에 필요한 자금은 조선인 노동자들이 죽음을 무릅쓰고 캐낸 '금'이었던 셈이다.

14

화암8경 : 제7경 몰운대

제5경 화표주 · 제6경 소금강 · 제8경 광대곡

화암 제5경 화표주

화암면 시내에서 몰운대 쪽으로 가다가 화표동 입구 삼거리 절벽 위에 있는 마치 조각을 해놓은 듯 서 있는 커다란 두 개의 돌기둥이 화표주다. 오를 수는 없고 도로에서 구경해야 한다. 전설에 의하면 옛날 산신들이 이 망주석에 신틀을 걸고 짚신을 삼았다고 전해지며 겸재 정선의 그림 '화표주'가 화암의 화표주를 그린 그림이라는 설이 있다.

화암 제6경 소금강

화표주가 있는 삼거리에서 우측 직진 방향으로 가는 길 전체

화암 제6경 소금강

소금강 소금강은 정선군 화암면 시내에서 몰운 1리까지 4km 구간에 펼쳐져 있는 풍경이다. 도로를 중심으로 우측에는 맑은 물이 흐르고 왼편에는 깎아지른 절벽이 도열하고 있어서 차를 타고 드라이브를 하면서도 절경을 즐길 수 있다. 우리나라에 '소금강'이라고 불리는 곳 중에서 가장 아름다운 '작은 금강산'이다.

를 소금강이라 보면 된다. 도로를 중심으로 우측엔 맑은 물이 흐르고 왼편엔 깎아지른 직벽이 도열하여 있으며, 길가에 전신주가 없어 사진 촬영하기에 좋으며 긴 소금강 코스 중에서도 설암의 풍경은 당연 압권이다.

소금강은 정선군 화암면 시내에서 몰운 1리까지 4km 구간에 걸쳐 있는 풍경을 말하며 백전리 용소에서 발원한 어천을 중심으로 좌우에 150m의 기암절벽이 이어지고 있는데, 촛대바위 등 그 기묘하고 장엄한 형상이 금강산을 방불케 한다.

화암 제7경 몰운대

몰운대는 수백 척의 암석을 깎아 세운 듯한 절벽 위에 5백 년이 넘은 노송이 좌우 건너편의 삼형제 노송과 함께 천고 흥망을 간직하고 있다. 옛 전설에 천상 선인들이 선학을 타고 내려와 시흥에 도취되었다고 전하며 구름도 아름다운 경관에 반하여 쉬어 갔다고 하는 몰운대 절벽 아래에는 수백 명이 쉴 수 있는 광활한 반석이 펼쳐져 있다.

여기까지가 몰운대 공식 설명이다. 다 맞는 말이지만 자연 풍광에 대한 설명만 하자니 뭔가 건조하고 심심하다. 몰운대를 몰운대답게 이해하려면 문화예술인 중에서도 문인들이 왜 몰운대를 즐겨 찾는지 짐작해야 한다. 그래야만 몰운대가 품고 있는 이미지나 문화 예술적 상상력을 이해할 수 있기 때문이다.

몰운대는 주변 풍경이 예사롭지 않아 몰운대를 무대로 한 드라마나 영화가 많다. 영화나 드라마에 나오는 몰운대는 신비할 정도로 아름다운데, 어떤 장면은 중국 무협영화를 보는 듯하다.

화암8경 중 한 곳에 불과했던 몰운대를 문학으로 승화시킨 이는 황동규 시인이다. 그는 시집 『몰운대행』을 통해 몰운대를 문학적 고향으로 만들었다.

황동규 시인의 시를 읽은 독자들은 시인이 노래한 '고요한 절벽'을 찾기 시작했고, 저녁이 깊어가는 줄도 잊은 채 천길만길 절벽을 바라보았다.

몰운대의 명물은 벼랑 끝에 서 있는 죽은 노송 한 그루다. 노송이 살아 있을 때만 해도 몰운대는 생명의 기운이 꿈틀거렸다. 주변의 소나무들과 어우러진 몰운대 노송은 한 폭의 그림이었고, 이리저리 사방으로 뻗은 가지들은 마치 용 몇 마리가 얽혀 있는 듯 기개도 넘쳤다. 그랬던 소나무가 죽었다. 고사 원인은 영양실조였다. 살려 보려고 애썼으나 끝내 말라 죽었다. 1992년의 일이다.

몰운대 소나무는 죽은 지 30년이나 되었지만 지금도 벼랑 끝을 잡고 서 있다. 단단하던 껍질은 오래전 부서져 내렸고, 뒤

틀린 몸만 남아 벼랑 끝에 위태롭게 서 있다. 몰운대 소나무를 만나러 가는 길, 단풍이 곱거나 진달래꽃이 만발하거나 폭설이 내린다면 금상첨화이다. 주목은 살아서 천년 죽어서 천년을 간다고 했다. 하지만 몰운대 고사목은 주목처럼 단단하지 않은 소나무라 생이 그리 길진 않을 것이다. 멋들어지게 피어났던 가지들은 이미 삭정이가 되어 예전 모습을 잃은 지 오래고, 푸석해진 몸은 곳곳이 파여 앙상한 뼈를 드러내기 시작했다.

그런 이유로 나는 몇 해 전 당시 화암면 면장으로 부임한 친구에게 고사목 후계목을 키웠으면 좋겠다는 의견을 냈다. 지금 서 있는 고사목마저 쓰러지면 그야말로 '큰일'이라는 게 이유였다. 친구는 좋은 생각이라며 당장 실행에 옮기겠다고 했다. 그리고 얼마 후 친구로부터 몰운대 고사목 옆에 어린 소나무를 심었다는 연락이 왔다. 나는 후일 후계목으로 심었다는 어린 소나무를 보기 위해 몰운대를 갔는데, 다행스럽게도 아주 잘 자라고 있었다.

몰운대 가는 길은 사철 아름답다. 주변의 크고 작은 소나무가 뿜어내는 솔향만 맡아도 절로 힐링이 되며, 솔잎이 깔린 길은 부드러운 양탄자 위를 걷는 듯 푹신하다.

몰운대는 주변 경치가 무척 아름답다. 봄이면 진달래꽃이 만발하여 여행자들을 설레게 하고, 여름이면 몰운대 직벽 아

몰운대 많은 사람들에게 문학적 상상력을 불러일으키는 곳. 절벽 위에 5백 년이 넘은 노송이 좌우 건너편의 삼형제 노송과 함께 천고 흥망을 간직하고 있다. 몰운대 절벽 아래에는 수백 명이 쉴 수 있는 광활한 반석이 펼쳐져 있다.

래로 흐르는 옥빛 물에 넋을 잃는다. 단풍이 물드는 가을이면 몰운대에 있다는 것만으로도 평화를 느낄 수 있고, 눈 내리는 겨울엔 다시 살아야겠다는 생각이 들 정도로 정신을 투명하게 만든다.

화암 제8경 광대곡

광대산이 만들어낸 광대곡은 사철 아름답지만 그리 널리 알려진 곳은 아니다. 광대곡은 하늘과 구름과 땅이 맞붙은 신비의 계곡으로 태곳적부터 부정한 사람이 출입하는 것을 금했다. 부정한 사람이란 예전에는 산 사람들이 금기시하는 음식인 닭고기나 개고기 등을 먹은 사람을 말하는데, 부정한 사람이 광대곡을 오르면 요괴 장난으로 나뭇가지가 뱀으로 보여 놀란 나머지 구르거나 넘어져 다치는 경우가 많았다고 한다. 그런 이유로 신들의 계곡인 광대곡을 찾기 위해서는 몸과 마음을 청결히 해야 한다는 전설이 전해진다.

　몰운대에서 가까운 곳에 있는 광대곡은 입구에서부터 약 4km 구간을 탐험할 수 있다. 장마철엔 입장이 불가하며 소를 휘도는 맑은 물빛을 즐기려면 물이 적당히 흐를 때가 좋다. 광대곡은 생각보다 험준한데, 계곡에는 산신께 기도하던 소도굴, 촛대바위, 층대바위, 병풍바위, 영천폭포, 골뱅이소, 바가

지소, 선녀폭포, 구용소, 피용소, 뱀용소, 치소, 용대암, 항아리소, 가마소, 식기소 등이 있다.

백청색 암반 위로는 흔히 말하듯 산삼 썩은 물이 흐르는데 봄이면 진달래가, 가을이면 단풍이 고와 찾는 이들이 많다. 계곡을 오르다 만나는 여러 소(沼) 중에서 피소는 또 다른 전설을 가지고 있는데, 그 사연이 재미있다.

옛날 광대곡에서 목욕을 즐기던 열두 선녀가 있었단다. 마침 땔감을 구하러 왔던 한 나무꾼이 선녀들이 목욕하는 장면을 지켜보다가 옷 한 벌을 가지고 갔단다. 목욕을 마친 열두 선녀가 각자의 옷을 찾아 입고 있는데, 한 선녀의 옷이 없더란다. 여기까지는 금강산 상팔담의 전설이자 우리가 잘 알고 있는 '나무꾼과 선녀' 이야기와 같다. 하지만 뒷이야기는 상팔담 전설과 다르니 더 들어 보자.

"어머, 내 옷. 내 옷이 어디 갔나?"

선녀는 당황했다.

"어쩜 좋니. 하늘로 올라가야 할 시간인데."

다른 선녀들도 발을 동동 굴렀다.

"우린 먼저 올라갈 테니 따라오려무나."

열한 선녀가 선녀 하나를 남겨 두고 먼저 하늘로 올라갔다.

남겨진 선녀는 옷을 찾아 이리저리 돌아다녔다. 하지만 아무리 옷을 찾아도 자신의 옷은 없었다. 선녀는 울음을 터트리며 그 자리에 주저앉았다.

"하늘로 올라가지 못할 바엔 차라리 죽음을 택하겠어."

자신의 처지를 비관한 선녀는 소로 몸을 던졌다.

한편 선녀의 옷을 가지고 간 나무꾼은 금강산 전설처럼 선녀와 함께 아이들 낳고 알콩달콩 살아보겠노라는 기대감에 부풀어 있었다. 하지만 아무리 기다려도 선녀는 오지 않았고, 옷을 들고 찾아가 보니 선녀는 이미 죽어 있었단다. 나무꾼은 자신의 어리석음을 한탄하며 선녀가 뛰어든 소에 자신도 몸을 던졌다는데…….

그 후 선녀의 옷은 학이 되어 어디론가 날아갔고, 노을이 물드는 황혼이 되면 선녀가 뛰어든 소가 핏빛으로 물들었다고 한다. 그때부터 사람들은 그 소를 '피소'라고 불렀는데, 차라리 '선녀와 나무꾼 소'라고 했으면 어떨까 싶다.

광대곡의 선녀와 나무꾼 전설은 해피엔딩이 아니라 새드엔딩으로 끝난다. 선녀의 선택이 무척 아쉬운 전설이다.

　고구려와 백제, 신라 삼국이 존재하던 시절이었다. 신라가 슬금슬금 힘을 키우더니 당나라와 손을 잡고 삼국통일을 완성했다. 서기 676년의 일이었다. 반도 땅에서 최초로 통일국가를 이룬 신라였지만 자주적 통일을 이루지는 못했다. 승자의 역사로 기록된 신라였지만 속을 들여다보면 출발부터 허약한 구조를 지니고 있었다. 그러한 연유였을 것이다. 경북 문경 출신으로 신라 비장 벼슬을 하던 견훤은 892년 거병하여 전라도 여러 성을 점령했다. 거사가 성공하자 견훤은 세를 더욱 키워 900년 전주를 수도로 삼아 후백제를 건국했다. 신라의 왕족 출신이라고 전해지는 궁예도 왕건의 도움을 받아 송악을 수도로 후고구려를 건국했다. 후백제보다 1년 늦은 901년의 일이었다. 견훤과 궁예가 후백제와 후고구려 깃발을 각각 세우자 신라는 경주와 그 언저리에서 고립무원 신세가 되었다. 그렇게 하여 신라가 통일하기 전의 모습인 삼국시대가 열렸는데, 후삼국 시대라고 한다. 삼국 중에서 영토는 후고구려가 가장 넓었으나 군사는 후백제가 강했다. 그에 반해 신라는 훅 불면 날아갈 정도로 초라한 나라로 전락하여 하루하루를 걱정으로 지새워야 했다.

　그러는 사이 후백제 왕인 견훤은 세력을 점점 키웠고, 궁예가 건국한 후고구려는 수도를 철원으로 옮기며 국호를 태봉으로 바꿨으나 918년 왕건에게 쫓겨났다. 왕건은 국호를 고려로 정하고 수도를 송악(개성)으로 옮겼다. 망해 가는 나라 신라를 두고 먹고 먹히는 전쟁이 진행 중이던 927년 고려군과 백제군이 공산에서 전투를 벌였는데, 그 유명한 '공산전투'였다. 견훤의 지략이 돋보였던 공산전투에서 왕건이 이끈 고려군은 힘 한 번 쓰지 못했다. 크게 패한 고려군은 고창(지금의 안동)으로 후퇴했고, 왕건은 지방 호족들의 도움을 받아 겨우 목숨을 건질 수 있었다.

　공산전투 당시 왕건을 살린 충직한 부하들이 있었는데, 신숭겸을 비

174

롯해 전이갑, 전의갑, 전락, 김철 등 여덟 명이었다. 이들은 포위망을 뚫기 위해 왕건이 입었던 복장으로 갈아입고 백제군을 유인했다. 그 결과 왕건은 살았고, 부하들은 공산에서 죽음을 맞았다. 왕건은 눈물을 삼키며 고창으로 후퇴했고, 전열을 정비한 왕건은 930년에 고창군 성주와 호족들의 도움을 받아 백제군을 크게 물리쳤다.

소백산맥을 사이에 두고 벌어진 고창전투에서의 승리로 고려군은 삼국 중에서 가장 강한 나라로 발돋움했으며, 견훤의 아들 신검이 반란을 일으키면서 백제군은 자중지란에 빠졌다. 이후 견훤이 고려로 망명하면서 백제는 쇠락의 길로 접어들었고, 왕건은 935년 백제와 신라를 무너뜨리고 통일국가를 완성했다. 삼국을 통일한 왕건은 공산전투에서 자신을 살리고 대신 죽어간 부하들의 공을 잊지 않고 공신록에 올렸다. 이때 공산에서 왕건 복장을 하고 백제군을 유인했던 장수가 있었으니 그들이 전이갑, 전의갑, 전락 형제들이었다. 모두 정선군 화암면 출신 장수들이었다. 셋 중에서 전이갑과 전의갑은 친형제이며, 전락은 전이갑의 사촌 동생이었다.

삼형제는 전쟁터에 나갔다가 고향으로 돌아오지 못했다. 정선전씨 후손들은 삼형제의 충절을 기리기 위해 삼충사(三忠祠)를 지었는데, 화암면 석곡 2리에 있다. 삼충공이 나고 자란 화암면 풍촌마을에 가면 삼봉산이 있는데, 삼충공이 태어나 놀던 곳이라 산 이름도 삼봉산이다.

한편 왕건은 고려 건국에 큰 힘을 보탠 고창성에 '안동'이라는 새 이름을 내렸으며, 자신을 도와준 호족들에게는 장씨, 김씨, 권씨 등의 성씨를 내렸다. 이들이 지금의 안동 김씨, 안동 장씨, 안동 권씨가 되었다.

왕건이 크게 패하며 겨우 살아났던 공산전투를 벌인 공산은 신숭겸 등 여덟 명의 장수를 기리기 위해 팔공산이라 부르게 되었다. 공산전투는 40년 동안 전쟁터를 누비며 삼국을 통일한 왕건에겐 최초이자 마지막으로 패한 전투이다. 공산전투에서 패했어도 삼국을 통일할 수 있었던 저력은 정선 출신의 걸출한 삼형제 장수들이 있었기에 가능했다.

15

가수리
와인잔폭포

산첩첩 물첩첩인 정선은 어딜 가나 산이요, 골짜기다. 물은
산을 넘지 못하고 산을 휘돌며 흐르는데, 이 마을에서 저 마을
로 휘감아 치는 물길은 가히 장관이다. 그토록 아름다운 물길
을 따라 가수리(佳水理)로 간다. 가수리는 함백산에서 발원한
지장천과 검룡소에서 발원하여 정선 읍내를 굽이치며 흐른 조
양강이 만나는 마을이다.

두 물이 하나로 어우러지는 가수리는 정선의 또 다른 '아우
라지'라 할 수 있으며 합수되는 지점부터 강 이름도 '동강'으로
로 바뀐다. 강이 만든 너른 충적토는 사람이 살 만한 땅을 제
공했고, 강 건너 북대마을에서는 철기시대 유물이 출토되기

도 했다. 가수리는 1990년대 중후반 동강댐 건설 계획으로 홍역을 치렀던 마을인데, 2000년 댐 건설 백지화로 평온을 되찾았다. 댐이 건설되었다면 지금쯤 수몰 마을이 되었을 가수리 마을은 지금은 겨울이라 고즈넉하다.

물빛이 아름다운 가수리

한자로 아름다울 가(佳)와 물 수(水)를 쓰는 가수리는 예로부터 물이 아름다운 마을이다. 여울이 아름다운 '가탄(佳灘)'과 물이 아름다운 '수미(水美)' 마을이 합쳐지면서 생긴 지명인데, 그래서인지 마을 어딜 둘러보나 풍광이 수려하다.

가수리의 명물은 굽이진 물길이라 하지만 물빛은 예전만 못하다. 푸르고 맑게 흐르던 가수리 물을 탁하게 만든 건 한강 상류인 평창군 대관령면에 있는 도암댐이다. 나는 한때 대한민국에서 댐을 해체하는 역사를 만들어 보겠노라고 도암댐 해체운동을 한 적이 있으나 정부를 상대로 싸워야 하는 게 힘들어 포기했다. 도암댐만 해체한다면 가수리 물빛은 예전 모습으로 돌아갈 수 있을 텐데, 아쉽기만 하다.

갈수록 탁해지는 가수리 물을 보면 화가 치밀기도 하지만 다행스럽고 반가운 일도 있다. 고한과 사북 일대의 탄광이 성업 중일 때만 해도 가수리로 흘러드는 지장천은 검은 석탄 물이 흐르는 죽음의 강이었다. 수중 생물이 전혀 살 것 같지 않았던 지장천은 탄광이 문을 닫으면서 살아나기 시작했다. 지금도 장마철이면 폐광에서 중금속 섞인 물이 쏟아지지만 지장천 물빛은 몇 해 전에 비해 확실히 좋아졌다.

내가 가수리에 갔던 날은 영하의 날씨였지만 겨울 햇살이 좋았다. 가수분교 학교 마당에 있는 느티나무를 보며 잠시 앉아 있었다. 6백 년 가까운 세월 가수리 사람들의 생멸을 지켜보았을 느티나무는 미동도 없이 흐르는 강을 응시하고 있었다. 말이 6백 년이다. 그 시간을 되짚어보니 조선이 개국한 지 얼마 되지 않았을 때였다. 세종대왕 등 역사 속 인물들이 살아 있던 그 시절, 누가 강 언덕에다 느티나무 한 그루를 심어 놓았을까. 오랜 풍상을 겪으면서도 멋스럽게 잘 자랐다.

역사를 거슬러 올라가다 보니 나도 모르게 숙연해졌다. 흐르는 강을 멍하니 바라보다 지장천을 거슬러 오르기로 했다. 마침 지난 2019년 연말 가수리에서 광덕리로 이어지는 다리 공사가 마무리되어 걷기에도, 차를 타고 움직이기도 좋아졌다. 장마 때만 되면 고립을 피하지 못했던 가수리 마을로서는 광덕 가는 길이 생기면서 그토록 바라던 숙원이 해결되었다. 여행자의 입장에서도 미지의 땅을 탐험할 수 있으니 좋다.

새롭게 난 길은 드라이브 코스로도 훌륭하다. 한 번도 경

험하지 못한 시선으로 바라보는 주변의 경치는 아름답기만 하다. 선경이 따로 없다. 이럴 때 버릇처럼 나오는 표현이 있다.

"정선은 어딜 가나 아름답다."

사실이 그렇다. 정선은 어디로 걸음을 옮기더라도 중국의 계림과 티벳을 넘어서는 풍경과 아름다움이 있다. 잘 만들어진 길을 따라 지장천을 거스른다. 급할 일이 없기에 속도를 최대한 줄이며 간다. 가는 길에서 만난 풍경 하나에 멈칫하며 차를 멈추었다.

와인잔폭포

마주 보이는 풍경은 언젠가 귓전으로 들었던 와인잔폭포였다.

'그래, 화이트와인을 마실 때 저런 잔으로 마셨었지'

와인잔을 닮았다 하여 와인잔폭포라는 이름을 갖게 된 폭포는 겨울임에도 물이 시원하게 흐르고 있었다. 넘쳐 쏟아지는 물이 잔의 손잡이로 보이니 영락없는 와인잔이었는데, 그 모습이 퍽 신기하기도 하고 신비하기도 했다. 누가 저토록 귀한 풍경을 만들었을까?

사연은 이러했다.

와인잔폭포가 만들어지게 된 것은 지역 사람들이 농토를 만들기 위해 생각해 낸 일이라고 한다. 물줄기를 돌리기만 한다면 너른 땅을 개간할 수 있을 것이라는 기대 때문이었다.

"힘들긴 해도 저 바위산을 뚫어 물길을 돌리면 될 듯싶은데, 어찌 생각하는가?"

"농사지을 땅이 생기는 판인데 무슨 일인들 못 할까."

그렇게 시작된 일이었다. 1965년에 있었던 일이었다. 지금과 같은 중장비도 없던 시절이라 무모하다 싶었다. 하지만 농토만 생긴다면 무슨 일이라도 해야 할 절박함이 산촌 사람들에겐 있었다.

바위산을 깨기 시작했다. 깨지고 부서진 돌을 나르는 일도 쉽지 않았다. 바위산이 조금씩 낮아지면서 농토가 생길 것이라는 기대감도 부풀어 올랐다. 마을 사람들이 다 달려들었다. 어른과 아이 할 것 없이 일손을 거들었다.

시간이 흘러 견고하던 바위산이 두부 잘리듯 잘려 나갔다. 작업 중에 상처를 입어도 견딜 만했다. 시간은 더 흘렀다. 바위산을 강바닥보다 낮게 깨자 마침내 두 동강이 난 바위산 사이로 물이 흐르기 시작했다.

"와, 물이 흐른다!"

다들 환호성을 질렀다. 하지만 거기까지였다. 물길을 만드는 것까지는 성공했지만 너른 강으로 흐르는 물길 전부를 돌리기엔 폭이 너무 좁았다. 공사는 결국 실패로 끝났고, 애써

섶다리 가수리에서 건넌마을로 이어지는 섶다리. 솔나무 가지에 참나무 다리로 만들어져 있다. 꽁꽁 언 얼음 위를 건너기 힘드니 겨울용 다리를 놓는다. 늦은 가을에 놓아서 봄 장마 때까지 사용한다.

가수리에서 광덕리로 이어지는 다리 공사가 마무리되어 걷기에도, 차를 타고 움직이기도 좋아졌다. 물빛도 산빛도 아름답다.

만든 물길은 오랜 세월 방치되었다.

그렇게 세월이 흘렀다. 골짜기를 찾았던 여행자들의 눈에 이상하게 생긴 폭포가 들어왔다. 사진이 하나둘 공개되었고, 와인잔폭포라는 이름이 붙었다. 그 사이 아무도 찾지 않을 것 같은 골짜기로 길이 났고, 사람이 찾아들기 시작했다.

와인잔폭포에 얽힌 사연은 짠하다 못해 슬프기까지 하다. 허탈감에 젖었을 당시 사람들을 생각하면 와인잔폭포를 아름답게만 보는 게 미안할 정도다. 와인잔폭포는 그동안 숨어 있는 풍경 중 하나였다. 하지만 가수리에서 광덕 가는 길이 뚫린 탓에 숨어 있긴 다 틀린 듯싶다. 주변 경치가 좋아 봄이 되면 드라이브를 즐기는 차량과 트레커와 MTB자전거를 탄 라이더들이 다투어 올 듯한 곳. 요란할 필요는 없지만 그들을 맞이할 준비 역시 있어야겠다는 생각이 든다.

16

매둔동굴
3만 7천 년 전 정선에 살았던 사람들

와인잔폭포를 돌아 다시 길을 떠난다. 적벽을 지나고 다리를 건넜다. 길에서 만나는 풍경을 보고 있노라니 욕망보다는 안빈낙도를, 절망보다는 희망이라는 단어가 자꾸 생각났다.

송어 양식장이 있는 마을 광덕쯤에서 차를 멈추고 개울로 내려갔다. 한여름이면 물살을 거슬러 오르는 송어와 플라잉낚시를 하는 모습을 만날 수 있는 곳인데, 물안개까지 낀 날이면 영화 '흐르는 강물처럼'의 한 장면을 보는 듯하다.

강으로 내리꽂힌 적벽엔 매둔동굴이 있다. 사람들이 모여 사는 마을에서 마주 보이는 동굴이다. 동굴은 크지 않으나 사람이 살았던 흔적이 있는 곳이다. 몇 해 전부터 동굴유적이 잇

따라 발견되었는데, 발굴은 연세대학교에서 맡았다.

매둔동굴의 나이

발굴 결과 석기와 긁개, 그물추, 짐승 뼈로 만든 사냥도구, 각종 동물 뼈 등이 동굴 바닥에서 출토되었다. 동굴 지층에 대한 방사성 탄소연대를 측정했더니 무려 3만 7천 년 전의 일상이 포착되었다고 했다.

'3만 7천 년 전 이야기라니'

반만년 역사이자 5천 년 역사라고 이야기하는 단군 왕검 시절의 거룩함을 훌쩍 뛰어넘은 시대였다. 그 시대를 살았던 사람들의 흔적을 만나는 게 얼마나 경이로운 일인지를 생각하면 괜히 심장이 두근거린다.

3만 7천 년 전 정선 낙동마을 매둔동굴에서 살았던 사람들의 일상은 어떠했을까. 후기 구석기시대라고만 알고 있는 그 시절, 매둔동굴에 살던 이들에게 동굴은 집이었고 야생으로부터 보호받을 수 있는 안식처였을 것이다. 사슴과 노루 등의 뼈가 출토된 것으로 미루어 수렵은 기본이고, 참마자와 피라미 등의 민물고기 뼈가 있는 것을 보면 동굴 아래를 흐르는 강에서 천렵도 했을 것이다. 동굴에서는 그물추까지 발견되었는데, 인류 역사에서 지금까지 발견된 것 중에서 가장 오래

매둔동굴에서의 생활 3만 7천 년 전 후기 구석기시대, 정선 남면 낙동리 매둔동굴에서 살았던 사람들의 일상은 어떠했을까. 사슴과 노루 등의 뼈가 출토된 것으로 미루어보아 수렵은 기본이고, 참마자와 피라미 등의 민물고기 뼈가 있는 것을 보면 동굴 아래를 흐르는 강에서 천렵도 했을 것이다.

된 그물추로 평가받고 있단다. 3만 7천 년 전에 그물을 이용하여 민물천렵을 했다는 것인데 놀라울 뿐이다.

동굴에선 사람 뼈도 나왔다고 한다. 그 시절 사람들은 동굴에서 불을 피워 고기를 굽고 동물 가죽을 깔고 자며 생활했다. 정선 사람들의 조상이 될 수도 있는 그들에게 서로를 부르는 이름이나 있었을까 싶고, 어떤 음성으로 의사를 표현했을지 궁금해진다. 이름도 남기지 못하고 매둔동굴에서 죽어간 무명의 3만 7천 년 전 사람들, 정선의 인류 역사는 자꾸만 거슬러 올라간다.

가수리에서 선평까지

가수리에서 선평까지는 30리 물길이 구불구불 이어져 있다. 지금이야 길이 포장되고 다리가 놓였지만 석탄 물이 흘러 물을 첨벙거릴 수도 없던 시절엔 나무다리로 건넜다. 선평에서 가수리까지 놓인 나무다리는 열일곱 개나 되었다. 나무다리는 장마만 지면 훌쩍 떠내려갔고, 물이 잦아들면 또 놓곤 했다. 사는 게 고역인 시절이었지만 그것이 추억이 된 지금은 번듯한 다리를 건너 마을과 마을을 오간다.

나는 나무다리가 있던 그 시절 선평역에서부터 낙동에 사는 친구 집을 걸어서 간 적이 있었다. 나무다리는 가끔 흔들렸

매둔동굴 내부 동굴에서는 그물추까지 발견되었는데, 인류 역사에서 지금까지 발견된 것 중에서 가장 오래된 그물추로 평가받고 있단다. 3만 7천 년 전에 그물을 이용하여 민물천렵을 했다는 것인데 놀라울 뿐이다.

고 중심을 잃고 물에 빠지기도 했다. 친구네 집에 도착했을 땐 낙동 농악이 한바탕 펼쳐지고 있었는데, 너른 들엔 벼가 누렇게 익어가고 있었다.

낙동 농악대의 신명 난 가락은 지금도 귓전에 쟁쟁한데, 아무리 더듬어 봐도 물에 빠진 곳이 어디쯤이고 친구네 집은 어디였는지 짐작조차 되지 않았다. 교복을 입던 1978년의 일이니 벌써 옛날 이야기가 되었다.

선평을 지나 쇄재를 넘었다. 가수리와 광덕리 구간 길이 열리고서야 가능했던 여정은 이렇게 마무리된다. 기우산과 조양산, 병방산을 크게 한 바퀴 돈 셈인데, 하루가 짧다. 집으로 돌아오는 길, 천변에서 만난 버들강아지가 솜털을 올리기 시작했다. 봄이 멀지 않았다.

17

동강
바다가 산이 되고 산이 바다로 변한 사건

5억 5천만 년 전쯤 정선이라는 지명이 생기기도 전 이땅에서
벌어진 무시무시한 이야기를 좀 해야겠다. 지구가 지각변동
을 하던 그 무렵 정선에도 바다가 산이 되고 산이 바다로 변한
사건이 있었다. 지진만 생겨도 나라가 들썩이는 요즘에 비하
면 상상도 할 수 없는 큰일이 생긴 것인데, 다행히도 그 시대
엔 인류가 존재하지 않았기에 건물이 무너지거나 마을이 통째
로 사라지거나 사람들이 떼죽음을 당하는 일은 없었다.

지각변동으로 땅이 꺼지고 바다가 솟구치던 시절 여기저기
에서 화산도 폭발했을 것이다. 아비규환 같은 시간이 흐르고
지구는 다시 고요해졌다. 영화에서처럼 연기가 풀풀 피어오르

는데 천둥과 번개가 치더니 장대비가 내렸다. 뜨겁게 달아올랐던 대지는 천천히 식어갔다. 빗물은 낮은 곳으로 흘러갔고, 산이 있으면 돌아갔다. 절벽에 가로막힌 물은 바위산을 뚫으며 길을 냈고, 물이 지나간 자리엔 동굴이 만들어졌다. 동굴은 사방으로 뚫렸으며, 여기저기로 빗물이 흘러나왔다.

바다가 산이 되고 산이 바다로 변한 사건

태초의 강은 그렇게 만들어졌다. 물이 흐르자 생명이 움텄고, 바닷속 식물로 살던 것들은 죽거나 서서히 육지 식물로 변해갔다. 백두대간에서 시작된 물길은 낮은 곳으로 흘러 동쪽으로 떨어진 빗물은 동해로, 서쪽으로 떨어진 빗물은 서해로 빠져나갔다.

공룡의 시대가 끝나고 3백만 년 전 인류가 등장하면서 물은 생명의 근원이 되었다. 인류는 강을 끼고 살아갔으며 서해로 빠져나가는 강은 훗날 한강이라는 이름이 붙여졌다. 한강의 본류이며 남한강 상류가 된 정선의 강은 지장천을 만나면서 동강이 되는데, 지각변동으로 산이 된 바다는 곳곳에 비경을 만들어 놓았다.

물은 사람을 불러들였으며 곳곳에 흔적을 남겨 놓았다. 지각변동 이후 공룡이 살았던 흔적은 없지만 인류가 살기 시작한 흔적은 제법 많다. 신석기시대 유적부터 청동기시대, 철기시대 유적과 유물까지 시대별로 고르게 분포되어 있다. 길이 없던 시절 옛사람들은 강을 따라 흘러가고 흘러왔다.

이후 몇만 년의 시간이 흘렀고, 지구상에 존재하는 인류는 어느 지역을 가리지 않고 영토 전쟁에 돌입했다. 한반도 역시 예외는 아니어서 가문이나 부족, 그리고 국가의 명운을 건 영토 전쟁이 여기저기에서 벌어졌다.

고성산성

지금으로부터 1천 5백 년 전, 동강도 영토 전쟁의 소용돌이 속에 있었다. 그 무렵 한반도에는 고구려, 신라, 백제 삼국이 존재했다. 세 나라는 중원을 서로 차지하기 위해 치열한 전투를 벌였다.

동강에도 그 시절 전쟁의 역사를 만날 수 있는 곳이 있다. 구 고성분교 뒷산에 있는 고성산성이다. 물길을 장악하는 세력이 큰 땅을 차지하던 시절, 동강은 군사적으로 중요한 전략 요충지였다. 덕분에 정선 사람들은 전쟁의 공포를 견뎌야 했고, 실제 전투에 동원되기도 했다. 어느 해엔 고구려군으로 어느 시점엔 신라군으로 동원되어 전쟁에 참여하거나 보급품을 날랐을 동강 사람들의 생은 퍽 고단했을 것이다.

동강 지각변동으로 바다가
산이 되어 이루어진 강

동강변 마을 고성리에 있는 고성산성은 주변의 돌을 이용하여 쌓은 성으로 고구려 양식을 띤 고구려 석성이다. 고성산성이 동강의 길목을 지키는 역할을 했을 것이니 당시엔 상류인 정선 읍부 쪽은 고구려 영토라고 봐야 할 듯싶다.

정선에는 고성산성뿐 아니라 정선읍 애산리에 있는 애산산성과 임계면에 있는 장찬성이 다 그런 연유로 만들어졌으니 남한강 최상류까지 물길을 이용한 영토 전쟁은 꾸준히 이어졌던 셈이다.

그로부터 다시 1천5백여 년이 흐른 1997년 가을, 동강엔 전쟁보다도 더 큰 사건이 생겼다. 김영삼 정부에서 동강에 홍수조절용 댐을 건설하겠다는 것인데, 정부의 발표가 나자 동강댐 건설 반대운동이 들불처럼 번졌다. 그 이유는 동강 일대가 '살아있는 자연사 박물관'이기 때문이었다.

실제로 동강은 대한민국 생태계의 보고라고 알려져 있을 정도로 각종 동식물이 동강을 터전으로 살아가고 있었고, 지각변동으로 인해 생성된 식물군 중엔 바닷속 식물이 육지화된 희귀식물도 존재했다.

동강댐 반대 운동

그 무렵 나는 소설 『동강에는 쉬리가 있다』를 출간하며 동강댐 반대운동에 뛰어들었다. 환경운동연합 마당에서 진행된 문화예술인 33인 밤샘 천막농성이 출발이었다. 지금이야 일반화된 일이겠으나 당시만 해도 밤샘 천막농성이라는 시위 방법이 없던 때라 비폭력 시위 방법이라는 뉴스가 줄을 이었다. 그 소식을 들은 KBS 시사 프로그램이 농성장으로 취재를 오기도 했다. 그들은 밤샘 농성장을 스케치하는 것은 물론 농성에 참여한 문화예술인들의 인터뷰를 방영함으로써 동강댐 반대 여론을 조성하는 데 큰 도움을 주었다.

동강댐 반대운동의 열기가 뜨거워질 즈음 나는 때때로 동강 생태기행팀을 동강으로 안내하는 일을 맡기도 했다. 내 고향이자 동강에 관한 소설까지 낸 터라 동강을 답사하려는 단체들로부터 안내 제의를 가끔 받았는데, 다들 동강댐을 반대하는 이들이라 거절할 수가 없었다.

동강 기행은 몇 개 코스가 있었다. 동강댐이 만들어졌을 경우 댐 하류 지역인 영월 거운리에서 어라연까지 걸어서 다녀오는 코스가 있고, 정선 신동읍 고성분교에서 출발하여 물레재를 넘어 연포마을까지 다녀오는 코스와 고성분교에서 제장마을까지 다녀오는 코스가 있었다. 더러는 백운산 칠족령에 올라 굽이진 동강을 바라보는 등산 코스도 있고, 고성분교에서 가수리까지 강변 길을 걷는 일정도 있었다.

당시만 해도 동강에는 다리가 없어 소사마을에서 연포마을로 가기 위해서는 줄배를 타고 건너야 했다. 줄배는 강을 가로지른 굵은 철사줄을 손으로 잡아당기면서 배를 끄는 건데, 뱃사공이 따로 있지는 않았다. 줄배 타는 일이 신기하기도 하고 재미있기도 하여 동강 기행은 인기가 좋았는데, 다리가 생기면서 지금은 지난 추억이 되어버렸다.

그 무렵 동강은 언론과 방송의 조명을 집중적으로 받은 덕에 '국민의 강'이 되어 있었고, 동강은 흘러야 한다는 여론으로 폭발했다. 지질학자는 석회암층인 동강에 댐 건설이 적절한가에 대한 분석을 연일 쏟아냈고, 식물학자들은 동강의 희귀식물이 댐 건설로 인해 사라질 것이라고 경고했다.

동강에 댐이 생긴다는 발표 이후 동강 일대에는 기이한 현상이 벌어졌다. 전국적인 댐 건설 반대 현상과 달리 동강댐 건설을 찬성하는 이들도 있었다. 찬성하는 측은 수몰지구에 있는 일부 사람들이었다. 그들은 밭에 사과나무나 배나무 등의 어린 묘목을 심어 놓았는데, 누가 보더라도 보상을 받기 위한 행위라는 걸 알 수 있었다.

그러거나 말거나 동강댐 건설은 전국적인 이슈가 되었고, 동강은 탐방객들로 넘쳐났다. 동강을 찾는 이들 또한 두 부류로 나누어졌는데, 댐 건설 반대를 위한 걸음과 동강이 수몰되

동강 래프팅 가수리에서 영월까지 150리 길인 동강 65km에는 사람의 발길이 닿을 수 없는 곳도 많았다. 동강이 세상에 알려지면서 동강은 래프팅 코스로도 유명세를 탔다.

기 전에 아름다운 풍경을 봐야겠다는 걸음이 뒤섞이며 동강변 일대는 사람으로 인해 몸살을 앓을 정도였다.

그로 인해 강변엔 때아닌 주차장이 생겨났고, 전국에서 온 전세버스가 강변 주차장을 가득 메웠다. 동강으로 놀러 온 이들이 타고 온 버스엔 먹을 것이 가득 실렸고, 늘 그러했듯 음주와 가무를 즐겼다.

반면 댐 건설 반대에 동참하는 사람들은 동강을 성지 순례하듯 찾아왔고, 동강의 아름다운 비경을 보며 탄성을 질렀다. 중국의 계림보다도 아름답다는 말이 여기저기에서 나왔고 나

나리소 전망대에서 바라본 동강 정선군 신동읍 고성리에서 덕천리에 걸쳐 있는 나리소는 가장 가까운 거리에서 동강의 모습을 확인할 수 있는 곳이다. 나리소 전망대에서는 동강의 기암절벽과 백운산 자락의 소나무 숲이 어우러진 아름다운 풍경을 볼 수 있다.

리소를 비롯해 제장마을과 소사마을, 연포마을 등은 어라연과 함께 인기 코스로도 자리 잡았다.

가수리에서 영월까지 동강 65km

동강이 세상에 알려지면서 동강은 래프팅 코스로도 유명세를 탔지만, 이전에는 뗏목을 타는 떼꾼과 떼돈이 동강 일대에 전설처럼 흘렀다. 강변에는 주막집이 즐비했는데, 그중에서도 가장 인기 있는 주막은 전산옥이 운영하던 주막이었다. 미모와 가무가 출중했다는 전산옥은 만지산 아래에 주막집을 지어 놓고 황새여울과 된꼬까리를 거쳐 온 뗏군들의 여독을 풀어 주었다고 한다. 전산옥 주막과 관련된 이야기는 "황새여울 된꼬까리 다 지났으니, 만지산 전산옥이야 술상판 차려놓게"라며 〈정선아리랑〉 가사에도 자주 등장한다.

　황새여울과 된꼬까리는 떼꾼들에겐 동강에서 가장 위험한 구간이었다. 뗏목에 가득 실은 목재를 서울 광나루까지 무사히 운반하는 조건으로 받는 보수를 '떼돈'이라고 했는데, 돈을 얼마나 많이 받았으면 떼돈이라는 말이 노다지라는 말과 비슷하게 전해졌을까 싶다. 전해지는 말로는 당시 떼꾼들이 받는 떼돈이 정선군수 녹봉보다도 많았다고 하니 뭉텅이 돈을 만져 보기 힘든 시절, 떼돈은 퍽이나 유혹적인 금액이었을 것이다.

목숨을 건 떼꾼들의 행렬이 전산옥 주막에 당도하면 전산옥은 그들을 위해 술상을 차렸을 것이고, 〈정선아라리〉 가락에 실려 온 술맛은 또 얼마나 그윽하고 깊었을까. 팔당댐이 생기고 육로가 뚫리면서 뗏목은 더 이상 뜨지 못했지만 그 시절 떼꾼들이 불렀던 아라리는 강을 따라 여기저기로 퍼져갔다. 어느 시대를 불문하고 강이 문화의 중심이었던 것은 분명하다.

2000년 김대중 정부가 들어서면서 가장 먼저 한 일은 동강댐 백지화였다. 2000년 6월 5일의 일인데, 대한민국 환경운동사에 큰 획을 그은 사건이었다. 국민의 강이 된 동강은 댐건설 백지화 이후 환경부에서 생태경관보전지구로 지정하여 관리하고 있으며 물놀이나 어로 행위 등을 금지하고 있다.

18

무은담
해월 최시형과 정선 동학 유적지

1860년대 조선은 긴 가뭄이 이어졌고 관리들의 수탈은 극에 달했다. 하루를 연명하는 것조차 힘들었던 백성들은 땅을 버리고 먼 이국으로 떠났다. 그들이 정착한 곳은 러시아 연해주 일대이며 버려진 땅을 개척해 씨를 뿌렸다. 러시아와 중앙아시아에 사는 고려인 '카레이스키'는 그렇게 형성되었다.

민란의 시대

그 무렵 조선은 민란의 시대였다. 민란은 전국 여기저기에서 생겨났는데, 무려 일흔 곳이 넘었다. 왕은 무능했으며 권신들은 제 잇속만 차렸다. 사정이 그러하니 나라가 제대로 돌아갈 리 없었고, 백성들의 불만은 극에 달했다.

수운 최제우 동학 창시

그때 세상을 깨운 이가 있었으니 수운 최제우였다. 최제우는 1860년 보국안민(保國安民)·제폭구민(除暴救民)·광제창생(廣濟蒼生)을 기치로 동학을 창시했다. 하지만 동학은 시작과 동시에 탄압의 대상이 되어 요즘 말로 '빨갱이'가 되었다. 그런 연유로 고종 1년인 1864년 3월 조선 조정은 최제우를 사도난정(邪道亂正)의 죄를 물어 대구장대(大邱將臺)에서 참수했다. 그의 나이 41세였다.

동학 2대 교주 최시형

최제우에 이어 동학 2대 교주가 된 이는 훗날 최시형으로 개명을 하는 최경상이었다. 최경상은 이필제와 함께 1871년 경북 영해에서 교조신원을 위한 반봉건 농민 봉기를 일으켰다. 이필제는 몰락한 양반가 후손으로 1863년(철종 14년) 동학에 입교했다. 이필제는 영해봉기 이전에도 진천과 남해, 진주 등지에서 거사를 준비하였으나 밀고 또는 사전 발각으로 실패한 적이 있는 인물이다. 그런 이필제가 영해로 피신을 와 최시형과 도모하여 영해봉기를 주도한 것이다.

영해봉기는 야밤에 기습적으로 이루어졌다. 동학군 5백여 명으로 구성된 동학군은 영해 부사의 목을 벤 후 읍성을 장악했다. 이후 이필제는 한양까지 올라갈 계획이었으나 봉기는 거기까지였다. 근동 백성들이 호응하지 않자 이필제의 난은 결국 실패로 돌아갔고, 최시형과 이필제는 조령으로 몸을 숨겼다. 이필제는 그해 문경과 단양 사람들을 모아 봉기를 준비하다가 조령별장의 밀고로 체포되었고, 서울로 압송되어 참형을 당했다. 살아남은 최경상은 조령을 떠나 단양, 영월 등을 거쳐 정선 무은담으로 숨어들었다. 1872년이었다.

정선 무은담에서 동학 재건

정선 남면 무은담에는 강원도 동학 도접주 유인상의 집이 있었다. 최경상은 유인상의 집에 머물며 동학을 재건했는데, 그 세월만도 20년이 넘었다. 긴 세월 최경상은 강원도 일대와 삼남 지방 등으로 잠행하며 동학을 전파했고, 『동경대전』 등의 경전을 발간했다.

해월 최시형 선생이 무은담에 머물게 됨으로써 정선은 동학 재건의 고장이 되었고, 그 장소들은 이제 동학 유적지로 남았다. 유적지로는 해월 최시형 선생 유허지인 남면 무은담을 비롯해 고한 적조암, 화암면 싸내마을, 정선읍 동학농민군 녹도전투 현장, 남면 수령마을, 남면 방시학의 집, 사북 운탄고 도 등이다.

이중 무은담은 유인상의 집으로 최시형이 머물면서 포덕을 했던 곳이다. 1875년 유인상 등 동지들과 의형제를 맺으면서 '時'자 돌림으로 개명한 장소이기도 하다. 이때부터 최경상은 최시형으로, 유인상은 유시헌으로 활동했다.

정암사 적조암은 동학교도들의 수련장

고한 적조암은 동학교도들이 수련장으로 사용하던 장소이다. 신라 고승 자장율사가 창건한 절로 알려진 정암사 부속 암자

동학유허지 적조암 동학을 창시한 수운 최제우가 41세의 나이로 참수당한 후, 동학 2대 교주가 된 최시형은 정선 무은담에서 동학을 재건한다. 정암사 적조암은 함백산 자락에 있어서 동학교도들이 숨어서 수련하기에 최적의 공간이었다.

이기도 한 적조암은 함백산 자락에 있어 숨어서 수련하긴 최적의 공간이었고, 수련 기간은 49일이었다.

현재 화암면 미술발전소가 있는 화암면 싸내마을은 정선에서 변전소가 가장 먼저 생긴 곳이기도 하다. 변전소는 리모델링 되어 전시장으로 활용되고 있으며 마을엔 동학 1대 교주인 최제우의 부인 박씨부인 묘가 있었다. 최시형보다 앞서 1864년 정선으로 온 박씨 부인은 큰아들 세정 등 온 가족이 문두곡에 살다가 1872년 최시형이 정선으로 오면서 싸내마을로 옮겨 살다가 숨을 거뒀다. 지금은 묘가 있었다는 기록만 남아 있으며 묘는 오래전 최제우 선생의 고향 선산이 있는 경주 현곡면으로 이장했다.

몇 해 전 수운 선생을 만나기 위해 선산을 찾았던 일이 있는데, 선생의 묫자리는 명당이라고 해도 손색이 없을 정도였다. 선생은 어릴 적 살았던 마을을 한눈에 바라보고 있었는데, 시야가 시원하고도 편안했다. 선산 우측으로는 박씨 부인과 일족들의 묘가 아래로 수직 배열되어 있어 선생과의 관계를 쉽게 확인할 수 있었다.

현재 정선읍 역전마을인 녹도전투 현장은 1895년 동학 2차 봉기 때 집결한 동학농민군이 정선읍 녹도에서 관군과 일본군 연합부대에 맞서 싸운 곳이다. 정선 동학농민군은 녹도

전투에서 크게 패했으며 정선 동학 농민지도자 지왈길 등 많은 농민군이 효수당했다. 추위가 밀려오던 1895년 11월 25일이었다.

동학 강원 도접주, 유시헌

남면 광덕리 수령마을은 산중 높은 마을로 너른 땅이 한눈에 들어오는 마을이다. 정선에서는 보기 드물게 넉넉한 농토가 있는 수령마을은 유시헌으로 개명한 동학 강원 도접주 유인상의 행적비와 묘가 있는 곳이다. 행적비에는 선생께서 동학 도접주로서 살아왔던 내력과 가족들의 투옥 역사 등을 기록해 두었으며 마을 도로변에 있다.

선생의 묘는 최근 조성된 광덕효행공원 입구에 위치해 있으며 공원에는 효부들의 비가 모여 있다. 선생의 묘비엔 유시헌으로 기명되어 있는데, 호는 정암(旌庵)이다. 선생의 묘 옆에는 부친을 따라 역시 동학교도로 활동하다 모진 고문을 당했던 첫째 아들 유택하의 묘가 있으며, 선생의 호는 선암(善庵)이다. 두 분의 호 앞 글자를 합치면 정선(旌善)이 되는데, 이는 고향 정선에 대한 두 분의 자긍심이 어느 정도로 각별했는지 짐작할 수 있게 한다.

"증조부와 조부께서는 해월 선생과 함께 동학의 중심에 계

셨습니다. 나라는 결국 일본에 먹혔고, 그러다 보니 집안도 풍비박산 났지요. 일가족 모두가 투옥되고 하던 중 많던 재산도 다 날렸고요."

유시헌 선생의 증손 유돈상 씨는 그렇게 말했다. 증조부는 유시헌 도접주이고 조부는 유택하 선생이다. 그 시절 유시헌 선생은 물론 부인과 장남 택하, 차남 학종 등이 모두 투옥되어 가문이 멸문지화에 이를 정도였단다. 부친 유시헌이 있는 곳을 대라며 쇠사슬에 묶여 이곳저곳으로 끌려다니기도 했던 유택하 선생은 평창에 투옥되어 있던 중 문인들의 상소로 겨우 풀려났다. 하지만 무은담 집으로 돌아갈 수는 없었다. 은거할 장소를 찾던 유택하 선생은 숨어 살기 좋은 수령마을로 들어왔으며 수령마을에서 1904년 죽음을 맞이했다.

유돈상 씨는 지금 수령마을에서 조상님들 묘를 관리하며 지내는데, 정선 동학의 역사가 담겨 있는 기록물들을 소중하게 간직하고 있다. 그중에서도 조부 유택하 선생이 직접 기록한 『동학난중기(東學難中記)』는 집안의 보물로 선생께서 동학 교도로 활동하면서 일어났던 일들을 기록한 책이다. 언문으로 쓰인 책엔 그 시절 정선 사람들이 사용했던 언어와 지명 등도 세세하게 기록되어 있어 동학 연구뿐 아니라 19세기 후반 생활사를 연구하는 데도 사료적 가치가 높다.

『최선생문집도원기서』

"스승님께서 사도난정으로 몰려 대구에서 순도하신 지도 벌써 15년이라는 세월이 흘렀습니다. 그 사이 우리 동학 또한 탄압받으며 도인들께서 이리 쫓기고 저리 쫓기는 신세로 살아왔지요. 그러다 보니 새로이 입교한 학도들께 우리 동학에 관한 역사가 담긴 서책 하나를 건네지 못했습니다. 말로만 포덕을 하는 것도 한계가 있고 하니 늦은 감이 없진 않지만 지금이라도 교리서 겸 동학 역사서를 편찬했으면 좋겠는데, 어떤지요?"

1879년 가을 무렵이었다. 도인들을 모이게 한 해월은 동학에 관련된 사적을 편찬했으면 하는 뜻을 비쳤다. 해월의 말에 참석자 모두가 찬성했다. 사적을 편찬하는 작업은 논의 끝에 남면에 사는 동학교도 방시학의 집에서 하기로 했다. 사적 편찬 공간인 '대선생수단소'는 1879년 11월 1일 꾸며졌다. 공간이 만들어지자 유시헌을 비롯해 신시일, 홍석범 등 약 20여 명의 정선 도인들이 나서서 사적 편찬에 들어가는 비용을 비밀리에 모았다.

사적 책임 집필은 1863년 입도한 도차주 강시원이 맡기로 했다. 강시원은 집필한 지 2개월 만인 1880년 1월 도의 근원을 담은 동학 역사서를 탈고했다. 초고를 받은 이는 화암에 사는 전세인이었다. 전세인은 초고를 다시 정서(精書)한 후 책명을 『최선생문집도원기서(崔先生文集道源記書)』라고 지었다. 유시헌은 책의 발문에 "오늘 정선 주인 해월신사와 차주의 공력으로 사적을 출간하게 되었으니 뒤따라오는 학도들이 쉬이 보게 되어 어찌 자연스럽지 않으며 스승님의 성덕이 아니겠는가"라고 적었다.

『최선생문집도원기서』에는 수운의 생애를 시작으로 득도와 포덕, 탄압과 남원행, 접주 임명과 북도 중주인 선정, 수운의 체포 경위, 순도 이후 해월의 활동, 영해 교조신원운동, 조직의 재건, 의례의 정립, 사적 편찬과 동경대전 간행 경위 등을 수록했다. 하지만 1871년 '이필제의 난'으로 알려진 영해 교조신원운동 과정을 자세하게 기록한 부분이 발목을 잡았다.

사안이 중대하여 방시학의 집에 모두가 모였다. 장시간 토론 끝에 『최선생문집도원기서』를 공개하지 않기로 결의했다.

"만일 이 내용이 세상에 알려지게 되면 우리 동학이 반란의 무리로 오해받을 염려가 있으니 아쉽지만 비공개로 하겠소."

해월의 결정에 다들 고개를 끄덕였다. 동학이 겨우 자리를 잡아가고 있는 시점이었다. 그런 상황에서 영해 부사를 살해한 변란을 스스로 밝히면 그 결과는 엄청난 죄목으로 되돌아올 것이 자명했다. 사적에 대한 비공개 결정이 나자 해월은

『최선생문집도원기서』를 견봉날인하여 유시헌에게 맡겼고, 사적은 세월이 흐른 지금까지도 끝내 빛을 보지 못했다.

정선군 사북면 화절령 운탄고도는 해월이 잠시 은거해 있던 영월 직동에서 정선을 넘나들던 고갯길이다. 해월은 화절령을 넘어 적조암으로 가거나 무은담 유시헌의 집으로 갔다. 수운의 부인 박씨부인도 화절령을 넘어 정선으로 왔으니 동학과 관련해서는 사연이 많은 고갯길이다.

초창기 동학은 경주 일대를 비롯한 경상도가 세를 이루었다면 그 시절 정선은 동학의 재건 본거지였다. 그러하니 정선엔 동학 유적지가 아닌 곳이 없다. 수운의 가족 박씨부인이 정선으로 온 1864년 이후, 해월이 무은담으로 온 1872년 이후 1895년까지 동학인으로 죽어간 이들이 한둘일까. 녹도전투에서 이름 없이 죽어간 동학농민군은 또 얼마나 많을까. 건천리 사람, 여탄 사람, 여량 사람 등등 골짜기에서 나온 이들이 새로운 세상을 꿈꾸며 반봉건 척양척왜를 외치다 많이도 죽었다.

19

사북읍
사북항쟁 유적을 찾아서

사북읍은 행정구역상 본래 정선군 동면(현 화암면)의 일부로 동면 사북리였다. 함백산에서 발원한 물이 천을 이루며 계곡이 만들어졌지만 농사지을 땅이 없어 토착민은 많지 않았다. 화전민 정도만이 살던 계곡마을에 사람이 몰려든 것은 사북에 탄광이 개발되면서부터였으니 그 이전만 해도 사북은 사람이 정착하여 살 만한 곳은 아니었다.

　사북이 세상과 연결되기 시작한 것은 1951년이었다. 나무를 찍어 내는 일인 산판을 하려면 나무를 실어낼 길이 필요했고, 군(郡)은 임산물 반출을 목적으로 임산(林産) 도로를 개설했다. 길이 뚫리자 '제무시'라고 부르는 군용 GMC 트럭이 사북에 등장하더니 외지인이 탄 자동차도 심심찮게 드나들었다. 그러던 중이었다. 1959년 사북에 동고(東古) 탄광이 무연탄개발에 착수했고, 탄광이 개발된다는 소문이 돌자 민가가 하나둘 들어서기 시작했다.

검은 땅 검은 희망

사람이 늘어나면 행정적 수요 또한 당연히 증가하였고, 그로 인해 1962년 행정조직인 동면 사북출장소가 만들어졌다. 그

산업전사 광부 광부들은 일자리가 사라질까봐 진폐증에 걸렸어도 애써 병증을 숨기며 일했다. 살아남는 일이 절박한 시절, 대형 탄광인 동원탄좌에 다니는 것만 해도 어깨에 힘이 들어갔다.

다음 해인 1963년엔 동원탄좌 사북광업소가 영업을 시작했고, 대형 민영 탄광인 동원탄좌가 문을 열자 팔도에서 사람들이 몰려들었다. 충청도 어느 마을에선 마을 사람들 전부가 솥과 양식을 걸머지고 사북으로 향했다. 걸어서 도착한 곳은 사북이었고, 그들은 산비탈을 깎아 움막집을 지었다.

사북의 석탄산업이 호황을 누리기 시작한 건 1966년 1월 15일 사북까지 기찻길이 연결되면서부터였다. 영월까지 왔던 철길이 함백과 증산을 거쳐 사북에 이르자 사북과 탄광산업은 비로소 활황기를 맞게 되었다. 탄광에서 캐낸 무연탄은 연일 화물차에 실려 사북을 떠났고, '쫄닥구뎅이'라고 부르는 민영 하청업체 탄광들도 속속 문을 열었다. 작은 탄광인 쫄닥구뎅이 광산의 광부들은 동원탄좌 같은 큰 회사 광부들에 비해 처우나 대우가 열악했지만 일자리가 귀했던 시절이라 돈벌이를 하는 것만으로도 좋아했다. 더러는 작은 탄광에서의 경력을 밑천 삼아 규모가 큰 동원탄좌 같은 곳으로 이직을 하였지만 막장 인생은 어디나 비슷했다.

탄광이 여기저기 생기자 사철 맑은 물이 흐르던 지장천은 검은 탄물로 바뀌었고, 마을은 검은 탄가루 천지로 변했다. 발을 딛기만 해도 풀썩거리는 탄가루는 구두를 신고 온 외지 방문객을 기겁하게 만들었고, 비라도 내리는 날이면 질척거려 장화를 신지 않고선 살 수 없을 정도였다. 오죽하면 마누라 없이는 살아도 장화 없이는 살 수 없는 곳이 사북이라는 말이 나왔을까 싶다. 그때부터 사북에선 광부 복장이 일상복이 되었고, 장화는 생활필수품처럼 여겨졌다. 사북과 인근 고한 인구가 급격히 늘어나자 동면 사북출장소 관할 구역인 사북과 고한을 묶어 사북읍으로 승격시켰다. 1973년 7월 1일의 일이었다. 그 무렵 동원탄좌 사북광업소는 23개 광구(3609ha)를 소유한 동양 최대 민영 탄광으로 성장했고, 1985년에는 전국 석탄 생산량의 13%를 차지할 정도로 산업전사로서의 역할에 충실했다.

당시 동원탄좌 광원만 6300명에 이르렀으니 그들의 가족까지 포함하면 동원탄좌로 인해 먹고 사는 사람만도 사북 인구의 절반이 넘었다. 하지만 그들이 품었던 검은 땅의 희망은 1988년부터 추진된 석탄산업 합리화 정책으로 인해 물거품이 되었고, 2004년 동원탄좌 사북광업소가 최종적으로 폐광되자 그들의 막장 인생도 끝이 났다.

동원탄좌가 문을 닫자 사북은 버려진 도시가 되었다. 통근 버스가 멈춘 거리는 탄가루만 날렸다. 어디론가 떠나야 했다. 하지만 갈 곳이 마땅치 않았다. 회사에서 받은 돈이라 해봤자 도시에서 전세살이하는 것도 힘들었다. 젊었을 때부터 시작한 막장 인생이라 달리 먹고 살 만한 재주도 없었다.

그래도 떠나야 했다. 자고 일어나면 몇 집이 떠났다. 이삿짐 꾸리는 걸 도우면서도 몇 번이고 부둥켜안고 눈물을 흘렸다. 먼저 떠나는 게 미안해 울고 또 만나자며 울었다. 떠나는 사람이 한 집 두 집 생기자 광부 사택촌도 을씨년스러워졌다. 북적이던 학교 운동장도 텅 비었고, 학생이 떠난 교실은 빈자리만 늘어갔다. 누구는 살아서 떠나고 누군 죽어서 갱에 묻힌 땅, 사북은 그렇게 변해 갔다.

사북이라는 마을

1980년대 초의 일이다. 정선에서 왔다고 하면, 정선이 어디냐고 묻는 사람들이 많았다. 지금처럼 인터넷이 발달해 정보를 쉽게 찾는 시절도 아니고 〈한국기행〉이나 〈6시 내 고향〉 같은 방송 프로그램도 없던 시절이라 '정선'을 설명하기란 매우 힘들었다. 〈정선아리랑〉 또한 널리 알려지지 않은 탓에 "아리랑의 고장 정선 몰라?" 할 수도 없었다. 도시를 뺀 전국 어딜 가도 물 좋고 산 좋은 때였으니 그걸 자랑으로 정선을 이야기할 수도 없었다.

지도책이라도 있으면 펼쳐 놓고 여기라고 말했겠지만 그것마저 귀하던 시절이니 '정선'을 이야기하기란 여간 어렵지 않았고, 여행이 일상화되기도 전이니 그다지 알려지지 않은 오지 마을 정선을 설명하는 것은 거의 불가능했다. 당시만 해도 입장료 받는 이름난 관광지 하나 없는 고장이 정선이었으니 그럴 만도 했다.

고심 끝에 "사북사태 난 데가 정선"이라고 말하면 그제야 정선이 어딘지 알겠다는 듯 고개를 끄덕였으니 정선을 세상에 알린 것이 사북의 탄광이 아니라 '사북사태'였던 것이다. 벌써 40년도 훨씬 전의 이야기이다. 그랬던 사북이 많이 변했다. 좋은 방향으로 변한 것도 있지만 자살자를 많이 배출한 탓에 '카지노 도시'라는 오명도 있다.

1980년 사북항쟁

사북이라는 마을은 산업화 과정에서 생성되어 탄광도시로 유명세를 날렸지만 그 역시 역사 속으로 사라져버린 옛이야기가 되었다.

그럼에도 지금의 사북을 이야기하려면 사북이 견뎌내 온 역사를 알아야 하는데, 그중에 가장 중요하고 꼭 알아야 하는 건 1980년 사북항쟁(당시 사북사태라고 부름)이다. 1980년 봄에 일어난 사북항쟁을 모르고서는 이땅의 민주주의도 노동자 항쟁도 이해할 수 없다. 40년이 훨씬 지난 사북항쟁. 대한민국 현대사의 한 축이 되어 버린 사북항쟁의 시작은 사북에 진 달래가 막 피기 시작하던 1980년 4월 21일이었다.

검은 땅, 검은 산이었던 시절 사북에 사는 사람들도 검은 차림이었다. 검은 얼굴, 검은 손을 하고서 탄광을 나선 이들은 탄을 캐는 산업전사이자 조국 근대화의 기수. 그들은 강원도 정선군 사북읍 동원탄좌의 광부들이었다.

산업전사라는 이름으로 국가 에너지를 생산하던 이들의 손은 1970년대 석유파동 이후 더 바빠졌다. 당시 정부는 '제7광구'라는 노래까지 유행시키며 석유파동을 넘어서려 했지만 이 나라에서 석탄 외의 에너지를 확보하는 데는 실패했다.

당시 사북 동원탄좌에서 캐내는 석탄은 전국 생산량의 13%가 넘었다. 생산량만으로도 동원탄좌가 차지하는 비중이 얼마나 큰지 짐작할 수 있다. 그 많은 석탄을 캐내는 것은 광부들의 몫이었다. 광부들은 밤낮을 가리지 않고 8시간씩 3교대로 갑반·을반·병반으로 나누어 개미집 같은 막장을 드나들었다.

광부들은 스스로를 '막장 인생'이라 했다. 죽어도 사북에서 살고 살아도 사북에서 살겠다는 인생의 마지막 종착역이라는 거였다. 탄광에서 일하는 그들에게 한밑천 잡아보겠다는 욕심은 애초 없었다. 갈 곳 없어 밀려난 인생들이라는 자조가 그들 스스로를 막장 인생으로 내몰았고, 그렇게 살았다.

동원탄좌는 타 업체에 비해 정년도 빨랐다. 정년이 45세로 묶여 있는 동원탄좌에서 밀려나면 그들은 인근에 있는 하청 탄광 속칭 쫄딱구뎅이로 몸을 옮겼다. 당시 그들이 선택할 수 있는 일이라는 게 탄을 캐고 나르는 일밖에 없었다.

광부들은 일자리가 사라질까 싶어 진폐증에 걸렸어도 애써 병증을 숨기며 일을 했다. 살아남는 일이 절박한 시절, 대형 탄광인 동원탄좌에 다니는 것만 해도 어깨에 힘이 들어갔으며 그것은 자랑이자 영광스러운 일이었다. 그런 이유로 목욕탕 시설은 언감생심, 먹을 물도 나오지 않는 성냥갑 같은 사택에서도 견뎌 냈다.

언제 죽을지 모르는 극한 상황 속에서도 젊은 광부들은 가정을 꾸렸고 아이가 태어나면서는 미래도 꿈꾸기 시작했다. 그러던 탄광 노동자들이 떨쳐 일어났다. 1980년 4월 21일이었고, 군사쿠데타로 권력을 잡은 전두환 신군부의 총칼이 서늘하게 빛나던 봄날이었다. 그날을 역사는 '사북사태'라 명했고, 지금도 그렇게 부른다. 세상 사람들에게 각인된 사북사태의 배경엔 억눌린 노동자들의 분노가 있었다.

어느 회사를 막론하고 당시만 해도 어용노조가 판을 치고 있었다. 어용노조는 회사와 권력의 비호 아래 노동자들 위에 군림했다. 노동자들 편에 서야 할 노조는 회사와 권력의 편에 있었다. 전두환이 이끈 합동수사본부도 그들을 용인했다.

사북사태는 계엄 상황에서 터졌다. 1980년 서울의 봄이 왔다고 했지만 민중이 원하는 진정한 봄은 아니었다. 모두가 숨죽이고 있던 때, 동원탄좌에 근무하던 광부들이 채탄을 거부하고 광장에 모였다.

사건의 발단은 동원탄좌 노조지부장인 이재기 씨로부터 시작되었다. 그는 이미 광부들의 지지를 얻지 못하는 어용노조의 지부장이었다. 광부들은 사북사태 이전부터 노조지부장 이재기의 사퇴를 촉구했다.

4월 21일 경찰은 약속한 집회 허가를 내주지 않았다. 광부들은 곧장 농성에 돌입했다. 지부장인 이재기는 경찰 개입을 요청했고, 경찰 50여 명이 동원탄좌로 출동했다. 하지만 수적으로 밀린 경찰들이 꽁무니를 빼기 시작했다.

달아나려던 경찰 지프를 광부들이 가로막았다. 다급했던 경찰은 앞을 가로막은 광부들을 치고 달아났다. 광부 네 명이 차에 치이는 큰 사고가 발생했다. 일부 광부들은 경찰이 광부를 죽였다며 흥분했고, 사태는 폭력적인 양상으로 전개되기 시작했다.

사북사태의 발단은 동원탄좌와 노조지부장인 이재기였지만 불은 경찰이 질렀다. 21일 오후 시위 해산을 위해 사북을 찾았던 장성경찰서장이 광부들에게 몰매를 맞는 일이 생기면서 상황은 걷잡을 수 없을 정도로 급박하게 돌아갔다. 노동자 민중운동사에 큰 획을 그은 사북항쟁은 그렇게 시작되었다.

항쟁이 있은 1980년 4월 21일부터 24일 아침까지, 노조지부장 부인은 광부들과 그 가족들에게 큰 곤욕을 치렀다. 남편 이재기 씨가 받아야 할 죄를 홀로 감당한 김순이 씨는 아직 당시의 치욕을 잊지 못하고 있다. 광부들과 가족들이 겪었던 어용노조에 대한 불만과 회사에 대한 분노가 얼마나 컸던지는 21일부터 23일까지 진행된 회사 관계자들에 대한 폭력에서 확인할 수 있다.

항쟁이 일어나던 당시 광부들은 해방된 민중과도 같았다.

사북항쟁 저임금으로 묵묵히 일하던 광부들이 처우개선을 주장하며, 어용노조 지부장의 사퇴를 촉구한 것이 발단이 되어 일어났다. 항쟁이 있은 1980년 4월 21일부터 24일까지 시위에 참가했던 인원은 6천여 명이 넘는다.

해방구였던 사북거리에서 약탈이나 방화는 한 건도 없었다. 광부들 먹으라고 내어놓는 막걸리와 국수는 주민들의 뜨거운 애정이었다. 심지어 낼 것 없는 다방에서는 커피를 대야로 타 주기도 했다.

어용노조와 회사를 상대로 한 싸움이 경찰과의 싸움으로 전이되면서 많은 부상자와 구속자를 냈다. 22일 '안경다리 전투'에서는 경찰의 사망자도 나왔다. 최루탄을 쏘며 동원탄좌로 진입하던 경찰에 맞서 광부들은 사북역 철로 위에서 돌을 던지며 극렬하게 저항했다.

22일 오후 칼빈총으로 무장을 한 경찰은 광부들에게 대패했다. 경찰은 사북을 떠났고 지서 건물은 광부들이 접수했다. 그때부터 24일까지 사흘 동안 사북은 광부들의 해방구였다. 이때 시위에 참가했던 인원은 6천여 명이 넘는다.

광부들은 고한과 증산으로 이어지는 도로를 막고 경찰의 진입을 막았다. 기자들이 취재를 했으나 합수부에서는 기사조차 내보내지 않았다. 23일 급기야 공수부대가 사북에 투입된다는 정보가 항쟁 지도부에 들어왔다.

절체절명의 시간, 당시 강원도지사와 도경국장이 지도부와 협상을 시작했다. 그 시간 공수부대는 원주에 있었으며 진압 명령만 기다리고 있었다. 광주의 경우를 보더라도 전시작전권이 있는 미국의 승인 없이도 공수부대는 투입될 수 있는 상황이었다.

다만 문제는 대통령의 재가였으나 당시의 권력 구도로 미루어보면 그것 또한 문제가 되지는 않았다. 하지만 항쟁 지도부에게는 동원탄좌에 1천여 점의 소총과 사북 전체를 날리고도 남을 다이너마이트 60여 톤이 확보되어 있었다. 지도부는 만약에라도 공수부대가 투입된다면 모두가 공멸할 것이라고 협상단에게 알렸다.

합수부에서 공수부대 투입을 주저한 이유는 광부들이 가지고 있는 엄청난 화력이었다. 광주처럼 민간인을 대상으로 한 것이 아니고 보면 소총과 다이너마이트까지 확보한 광부들을 자극할 경우 자신들의 피해도 클 것이라는 계산을 했을 것이다.

당시 사북에 공수부대가 투입되었다면 상상을 초월하는 사상자와 피해가 났을 것은 분명했다. 그렇게 되었다면 많은 양민을 학살한 광주민주화운동은 일어나지 않았을 것이다. 협상단은 그러한 정황을 잘 알고 있었고, 23일 낮부터 시작된 협상은 다음 날 새벽 1시가 되어서야 끝을 맺었다.

24일 오전 항쟁 지도부는 억류해 놓았던 김순이 씨를 경찰에 인도하고 사태 수습에 나섰다. 상황은 그렇게 순조롭게 끝나는 듯싶었다. 광부들은 다시 일터로 돌아갔으며 전쟁터와 같았던 사북거리 또한 평상시의 모습으로 회복하기 시작했다. 학생들이 동원되어 거리 청소에 나서는 것은 물론이고 상가들도 일제히 문을 열었다.

사건에 대한 책임을 일체 묻지 않겠다는 합의를 믿은 광부들은 제자리로 돌아갔지만 신군부의 태도는 달랐다. 전두환이 본부장인 합수부는 정선경찰서에 수사본부를 차리고는 항쟁 가담자들 명단을 확보해 나가기 시작했다.

광풍이 불었던 1980년 4월 이후 41년이 흘렀다. 사북항쟁이 어느 누구로부터 발화되었든 간에 그 책임은 민중이 아니라 정권과 권력을 쫓는 광산 재벌들에게 있다. 그러한 당시의 사회적 구조를 만든 것은 박정희 정권과 전두환 신군부였고 권력과 결탁한 광산 재벌에게 무한 책임이 있는 것이다.

화창한 사북거리에서 화해와 상생을 약속하는 그날이 어서 와 이제라도 지난 일들 훌훌 털고 손잡고 살아갈 날이 있었으면 하는 바람을 가져 본다. 아울러 사북사태는 아직 '사북사태'로 남아 있다. 사북사태가 '사북항쟁'으로 평가받는 날, 상생의 춤을 추며 화해의 깃발이 하늘 높이 나부끼는 날, 그날을 기대해 본다. 현재의 사북을 이해하기 위해서 알아야 할 이야기인데, 제법 길었다.

사북항쟁을 이끈 이원갑 씨와의 인터뷰

1980년 4월 사북항쟁 지도부를 이끌었던 이원갑(80 · 전 사북항쟁동지회 회장) 씨에게 전화를 걸었다. 그에게 경찰과 광부들 간에 치열한 전투가 벌어졌던 안경다리에서 만나자고 했다. 그는 가까운 곳에 있었고, 곧 도착하겠다고 했다. 만나자마자 당시의 일에 대해 물었다.

"24일날 모든 게 끝났잖아요. 책임 소재를 전혀 묻지 않겠다고 철석같이 약속했으니 우리도 그런 줄 알았지요. 평상시처럼 근무 나가고 근무 끝나면 사태 수습도 하고 그랬지요. 그런데 그게 아니었어요. 경찰은 이미 주동자들을 파악해 놓고 잡아들일 기회만 보고 있었던 겁니다. 열흘쯤 지나니 기분이 이상합니다. 그러더니 5월 6일인가 사북읍사무소에서 회의를 하자고 해요. 떨떠름했지만 하자고 하니 갔지요. 읍사무소에 가보니 회의는 거짓말이었고, 갑자기 총 든 군인들이 회의실로 들어오더니 우리를 다들 끌고 가더만요. 개머리판으로 조지면서 우릴 끌고 가는데 정신이 하나도 없습니다. 졸지에 지도부가 합수부에 잡혀 들어가니 광부들도 정신이 없었지요. 대책이라고는 세울 수도 없었고요. 항쟁의 기운을 이어가긴 무리였거든요. 당시가 거리에 군인들이 총 들고 돌아치던 계엄령 상태 아니었습니까. 무서운 시절이었지요. 5월 20일까지 많은 사람이 잡혀 들어갔습니다."

• 어디로 갔나요.

"처음엔 정선경찰서에 갔지요. 취조실을 무도관에다 급조해 만들었는데 옆에서 때리고 고문하는 소리가 다 들려요. 물고문, 전기고문, 고춧가루 고문, 안 받아본 고문이 없어요. 살려달라고 울부짖는 소리를 듣는데 이래도 되는 건가 싶어 오히려 화가 나더군요. 이유 없이 붙잡혀 온 이들도 많아요. 며칠씩 고문당하고는 나가고 다른 이가 들어오고 다른 이가 나가면 또 다른 이가 들어오곤 했지요. 여자들은 성고문까지 당했지요. 말도 말아요. 지금 생각해도 치가 떨립니다."

- **몇 명이나 군법회의에 넘어갔나요.**

"처음에 구속된 사람은 140명 정도 되는데 재판에 회부 된 이는 28명입니다. 집행유예로 나간 사람도 있고 실형을 선고받은 이도 있지요. 저는 그때 10년 구형을 받았는데 1심 재판에서 5년 형을 선고받았어요. 그랬는데 웬일인지 계엄사령관이 2년을 깎아주데요. 고등군법회의에 항소를 했더니 서울고등법원으로 넘어가더군요. 거기 가니 비로소 민간인들이 보이더군요. 거기서 징역 2년에 집행유예 3년을 선고받았어요. 그때 이미 1년 5개월을 구치소에서 살았으니 무죄를 선고할 수도 없었겠지요."

참여정부 시절 구성된 과거사정리위원회는 사북항쟁에 대한 조사를 했다. 결과가 나왔지만 정부는 권고안을 받아들이지 않았다. 사북 사람들은 적어도 사북 '사태'라는 오명만은 벗어지길 기대하지만 아직 정부의 공식적인 사과나 사태 해결을 위한 특별법 제정 등의 움직임은 없다. 당시 항쟁 지도부를 이끌었던 이원갑 씨와 신경 씨 등은 민주화운동 관련자로 인정되어 사북사태로 인한 명예회복을 했지만 넘어야 할 산은 아직 많다.

"당시의 판결문은 고문에 의한 조작입니다. 살아서 나갈 수만 있다면 뭐든 하겠다고 말한 사람들이 많았어요. 그러니 그때의 판결문으로 명예회복을 심사하면 안 되는 것이지요."

이원갑 씨는 판결문 자체를 믿을 수 없다고 말한다. 여타 사건이 그러하듯 계엄령하에서 치러진 군사재판이 정당할 수 없다는 것이다. 출감한 지 3년도 채 안 되어 고문 후유증으로 사망한 이도 몇이나 되니 당시의 고문이 얼마나 심했는지 짐작할 수 있다.

- **사북항쟁이 발발한 이후 벌써 40년이 지났습니다. 이젠 화해와 상생을 할 때가 아닙니까?**

"사북이 아직 정명되지 않았습니다. 정부기관 기록엔 아직 '사북사태'로 되어 있을 겁니다. 2019년 사북항쟁이 강원도 기념일로 지정되긴 했지만 그때의 일로 많은 사람들이 힘들게 살았습니다. 모진 고문을 받은 광부들과 가족들이 그러했고, 경찰들도 죽거나 많이 다쳤습니다. 정작 벌을 받아야 할 사람은 따로 있는데 엉뚱한 사람들이 다치고 죽고 했지요. 이젠 화해해야지요. 함께 가야 하는 세상 아닙니까. 화해하기 위해 동지회에서는 사망한 경찰관의 묘소에도 다녀왔습니다. 이젠 정부가 나서야지요."

- **지부장 부인인 김순이 씨와는 화해가 가능하겠습니까.**

"어렵더라도 해야지요. 다들 도망치고 혼자 남아 있었기에 욕을 봤던 겁니다. 따지고 보면 그분은 큰 잘못 없어요. 남편 때문에 곤욕을 치른 것이지요. 당시야 죽일 놈 살릴 놈 했지만 나중에 알고 보니 지부장인 이재기 씨도 회사와 권력기관으로부터 이용만 당했더군요. 광부들과 경찰, 이재기 씨, 그리고 부인까지 다들 피해자입니다. 피해자들만 남아 있는 셈입니다. 이젠 화해해야지요. 그러고 싶어요."

20

고한읍
동원탄좌 수직갱과 삼탄아트마인

사북항쟁이 일어났을 때 나는 고등학교 2학년 학생이었다. 사북에서 광부들이 들고 일어났다는 소식은 인근 마을 정선까지 들려왔다. 간첩의 소행이라는 소문이 돌았고, 공수부대가 온다는 소문도 돌았다. 그 시절 정선도 총을 든 군인들이 거리를 활보하던 때였다.

그렇게 세월은 흘렀고, 나는 작가가 되어 2005년 봄 사북항쟁 25주년 기념 '사북문학축전'을 진행했다. 이후 2020년에는 사북항쟁 40주년 기념 '사북문학축전'을 진행했고, 당시 항쟁 지도부를 이끌었던 이원갑 선생과 대담도 진행했다. 사북을 위해 내가 할 수 있는 일이라는 게 그 정도였다.

동원탄좌 수직갱

사북항쟁 40주기가 지나고 사북을 다시 찾았다. 코로나바이러스감염증-19로 인해 강원랜드 카지노가 문을 닫으면서 사북 거리는 고요했고 을씨년스럽기조차 했다. 강원랜드가 들어서고 난 이후 사북은 급속도로 변해 갔다. 광부들이 살던 사택은 철거되었으며 광부들의 거리는 유흥가와 호텔 거리로 변모해 있었다. 사북항쟁 현장인 안경다리와 진달래꽃을 활짝 피운 산자락만이 1980년 4월의 사북을, 그리고 지난 40년의 세월을 굽어보고 있는 듯했다.

광부들을 분노케 했던 동원탄좌 건물을 둘러보았다. 지하 350m나 내려가는 수직갱은 여전히 위세를 떨치고 있었으나 그곳에서 일했던 광부들의 모습은 없었다. 동원탄좌 사무동 건물 입구에 누군가 그려놓은 광부 얼굴만이 당시를 추억할 수 있게 한다. 그 건물에는 당시 광부들이 사용하던 각종 물건들이 유물로 보관되어 유물전시관 역할을 하고 있었지만, 여전히 버려진 건물 같았다. 건물을 곧 리모델링한다니 지켜볼 일이다.

동원탄좌 건물에 있는 수직갱은 광부들의 출퇴근 공간이다. 막장으로 들어가는 모든 광부는 수직갱을 통해 출입을 하며 채굴된 무연탄 또한 수직갱을 통해 밖으로 나온다. 그러하니 선산부, 후산부 할 것 없이 수직갱을 통해 개미굴 같은 갱으로 이동하는데, 길게는 4km까지 가야 한다.

갑·을·병으로 구분된 근무자들은 하루 8시간씩 교대로 근무한다. 수직갱을 통해 한번 들어가면 근무시간이 끝날 때까지 갱 안에서 지내야 한다. 탄가루 자욱한 갱 안에서 오랜 시간 견뎌야 하니 진폐증이 걸리는 것은 당연한 일이고, 더러는 갱이 무너지면서 생목숨을 잃기도 했다.

지상에서 갱도 입구가 있는 지하까지는 350m나 되며 수직으로 이동할 수 있는 대형 엘리베이터가 설치되어 있다. 수직갱 건물에는 수십 명이 동시에 사용할 수 있는 샤워실과 세탁실과 옷장 등이 있어 근무를 마치고 나온 광부들이 샤워와 세탁을 할 수 있게 했다. 이러한 시설도 1980년대 후반에나 갖춰졌으며 그 이전에는 샤워와 세탁은 꿈도 꾸지 못했다.

석탄유물전시관

동원탄좌 사무동 건물에 있으며 광부들이 사용했던 각종 도구와 복장 등의 물건과 사무용품이 전시된 공간이다. 동원탄좌가 마지막 영업을 하던 날 배치된 근무조 인원이 적힌 칠판과 월급통장, 도장, 포스터, 유인물, 시위용품, 각종 서류 등이 전시되어 사북을 이해할 수 있는 데 큰 도움이 된다. 국내 유일의 석탄 유물이 전시된 공간으로 평가받으나 전시장 시설이 열악한 게 흠이다.

뿌리관

사북항쟁과 3·3생존권 투쟁 등의 역사를 간직한 뿌리관은 광부들의 공간이다. 건물에는 전시장과 세미나실 등이 갖추어져 있으며 전시장에는 1980년 사북 지역과 광부들의 삶이 조명되어 있다. 한쪽 벽에는 민주화 유공자로 인정받은 사북항쟁 당시 지도부였던 이들의 손바닥 도장이 찍힌 전시 공간이 마련되어 1980년 사북을 이해할 수 있게 했다.

안경다리

한편 사북에 기차가 들어오면서 만들어진 안경다리는 철교 교각 아래로 난 두 길이 마치 안경처럼 생겼다 하여 '안경다리'라고 부른다. 동원탄좌를 가려면 안경다리를 반드시 지나야 하는 길이며 1980년 사북항쟁 때는 경찰과 광부들이 대치하던 곳이기도 하다.

당시 광부들은 안경다리를 막은 채 철길을 점거하고 있었으며, 경찰은 동원탄좌로 진입하기 위해서 최루탄을 쏘며 안경다리 벽을 기어올랐다. 그러한 대치 과정에서 경찰 한 명이 사망하는 사고가 나는 등 사북항쟁의 상징적인 공간이 되

안경다리 사북에 기차가 들어오면서 만들어진 다리로 1980년 사북항쟁 때는 경찰과 광부들이 대치하던 곳이기도 하다. 지금은 외부에서 강원랜드로 들어가는 관문으로 변모했다.

었다. 지금은 외부에서 강원랜드로 들어가는 관문으로 변모했다.

삼탄아트마인, 예술로 승화한 수직갱

고한도 인근 마을 태백, 삼척 등과 함께 정선군의 대표적인 탄광촌이었다. 행정적으로 보면 애초 1960년대까지만 해도 동면(현 화암면) 고한리였다. 사북과 고한 일대에 탄광이 본격적

232

으로 개발되면서 사북읍으로 승격되자 고한은 사북읍 고한리가 되었다.

1970년대 들어 고한에도 인구가 급속도로 늘면서 사북에서 분리되어 고한읍이 되었다. 사북에 민영 탄광인 동원탄좌가 있다면 고한에는 삼척탄좌가 있어 인구가 급증했다. 하지만 1962년 영업을 시작한 삼척탄좌 정암광업소는 석탄 합리화 정책으로 인해 2001년 10월 문을 닫았고, 3천 명이 넘던 광부들은 뿔뿔이 흩어졌다.

삼척탄좌가 폐광되자 고한은 폐촌이 되었고, 탄가루만 풀풀 날렸다. 그랬던 마을에 3·3투쟁으로 카지노와 리조트가 있는 강원랜드가 들어서면서 고한에도 훈풍이 불기 시작했다.

고한은 야생화 천국인 함백산과 자장의 전설이 흐르는 천년고찰 정암사 등이 있어 자연과 사찰 문화가 조화를 이루고 있고, 읍내엔 추리마을과 호텔 18번가 같은 문화 공간이 조성되는 등 변화의 중심에 서 있다.

고한을 예술적 공간으로 인식되게끔 한 것들이 여럿 있는데, 그중 하나가 삼척탄좌 정암광업소 본부가 있었던 삼척탄좌 건물을 리모델링하여 만든 '삼탄아트마인'이다. 흉물스럽게 버려졌던 건물이 예술 공간으로 탄생하면서 예술의 불모지 고한 땅도 문화와 예술이 살아있는 마을이 되었다.

삼탄아트마인은 정암사 가는 길에서도 보이는데, 산 중턱에 높게 서 있는 수직갱이 삼탄아트마인이다. 삼탄아트마인은 광부들이 사용하던 광업소 건물을 리모델링하여 꾸민 공간답게 상설 전시된 설치 작품들도 석탄과 광부들의 삶에 초점이 맞추어져 있다. 공간에는 석탄을 운반하던 차량 등이 그대로 보존되어 작품처럼 놓여 있고, 광부들이 사용하던 대형 세탁기도 작품인 듯 남아 있다.

산업전사로서 석탄 에너지를 캐내던 광부들의 고단한 생을 예술로 승화시킨 삼탄아트마인은 연중 수준 높은 작품들이 전시되는 실내 전시장과 야외 전시장으로 구분되어 있으며 입장료가 있다.

21

강원랜드와 카지노

백운산 화절령을 넘어서

정선군 동면(현 화암면)은 정선군에서도 지질학적으로 독특한 동네이다. 일제강점기 때만 해도 면 소재지가 있는 화암 일대는 전국에서 손을 꼽을 정도로 큰 천포금광을 비롯하여 크고 작은 금광들이 많았다. 그런데 해방 후가 되자 산 넘어 마을인 동면 사북리 일대에 동양에서 가장 큰 민영 탄광인 동원탄좌와 쫄딱구뎅이 탄광들이 우후죽순 생겨났다.

시골 작은 면 동네에 산자락 하나를 두고 금과 무연탄이 엄청나게 매장되어 있었다는 거다. 대체 이게 무슨 복이란 말인가. 일제강점기 화암리가 금광이 호황이던 시절 전국에서 노다지를 캐기 위해 팔도 사나이들이 모여들었다면, 해방 후엔 무연탄을 캐기 위해 사북 땅으로 모였다.

금과 무연탄

금을 캐기 위해 모여들었던 사나이들은 천포금광이 문을 닫자 다들 떠났다. 제2차 세계대전이 발발한 1940년대 초중반 세계적으로 금값이 곤두박질치면서 일어난 일이었다. 이에 비해 무연탄은 금과 반대 현상을 겪었다. 마침 88올림픽이 준비되고 있기도 했지만 무연탄은 대기오염 등의 환경문제를 야기하는 주범으로 떠올랐다. 그렇게 시대가 변하며 석유라는 대체에너지 사용량이 증가하였고, 그런 와중에 석탄값이 천정부지로 올라갔다. 무연탄을 채굴하는 데 드는 인건비조차 충당하기 힘들어지자 석탄산업은 스스로 사양길을 선택했다.

금과 무연탄의 운명이 그러했듯 금 생산지였던 동면(현 화암면) 화암리와 무연탄 생산지였던 동면 사북리의 운명 또한 비슷했다. 금광이 활황일 때 화암마을은 정선에서 전기가 가장 먼저 가설될 정도로 큰 발전을 이루었으나 금광이 문을 닫자 마을은 쇠락했다. 마찬가지로 작은 마을에 불과했던 사북리가 석탄산업 호황으로 인해 사북읍으로의 승격에 이어 시(市) 승격까지 논의되던 시점, 사북은 하루아침에 폐광촌 신세가 되었다. 정부에서 추진한 석탄 합리화 정책이 원인이었다.

일제강점기 천포금광에서 금이 쏟아지던 시절 화암리는 지나가던 개도 금을 물고 다닌다고 했고, 동원탄좌가 문을 연 1963년부터 2004년 폐광할 때까지 41년 동안 사북에선 개가 만 원짜리 지폐를 물고 다닌다는 우스갯소리가 떠돌았다. 100년도 안 된 사이에 산 하나를 두고 벌어진 일들이었다.

금을 캐다 발견한 종유굴로 인해 천포금광은 화암동굴이 되었고, 천연기념물 557호로 지정되었다. 관광지가 된 화암동굴에 비해 사북에는 항쟁과 투쟁의 시기를 지나 국내 유일의 카지노가 있는 강원랜드가 들어섰다.

사북역

1966년 1월 15일 영업을 시작한 사북역은 시골 간이역 크기에 불과하다. 지금도 그렇고 과거에도 그랬다. 좁은 개찰구를 지나면 작은 대합실이 있고 대합실 문을 나서면 사북이다. 그 시절 사북에서 광산노동자로 일한 사람들은 사북역을 통해 들어왔고, 사북역으로 빠져나갔다.

사람이 살기도 힘들었던 사북에 기찻길이 생긴 이유는 사북과 고한 그리고 태백 등지에서 생산된 무연탄을 수송하기 위해서였다. 당시 사북역 저탄장에는 검은 석탄이 산더미를 이루고 있었고, 바람이 불기라도 하는 날이면 석탄 가루는 마을 하늘을 뒤덮었다.

사북역에서 내려다보이는 사북은 온통 검은 것들뿐이라 막장 속이나 거리나 별 차이가 없었다. 그랬던 사북이 지금은 한집 건너 모텔이나 호텔이 들어섰으니 상전벽해가 따로 없다.

강원랜드와 카지노

88올림픽을 앞두고 석탄합리화 정책이 발표되었다. 석탄을 더 이상 국가적 에너지로 사용하지 않겠다는 거였다. 이후 전국의 탄광이 문을 닫기 시작했다. 사북 동원탄좌와 고한 삼척탄좌를 비롯해 하청 탄광이 일제히 문을 닫자 사북과 고한은 버려진 마을이 되었다. 떠날 사람은 떠나고 남을 사람만 남은 마을, 지나가던 개도 만원 권 지폐를 물고 다닌다던 사북 거리엔 빈 바람만 불었다.

이러다가는 굶어 죽겠다는 위기의식이 사람들을 모이게 했다. 뭐라도 요구해야 할 절박한 처지에 놓인 사람들, 그들은 생존권을 요구하며 대정부 투쟁을 선언했다. 1995년 3월 3일이었다. 사북과 고한 태백 등, 탄광촌 사람들이 다 모여 목소리를 높였다. 1980년 사북항쟁을 일으켰던 경험이 밑바탕에 깔려 있었기에 가능했다.

폐광촌 주민들의 투쟁은 죽기 살기였다. 이래도 죽고 저래

강원랜드 이곳에는 카지노만 있는 게 아니다. 사계절 종합 휴양지를 목표로 하는 강원랜드는 스키장과 골프장을 비롯하여 동시에 7천 명을 수용할 수 있는 워터파크도 순항 중이다. 해발 800m에 위치한 탓에 여름에도 덥지 않은 곳이라 가족 단위 피서객들이 많이 찾는다.

도 죽을 판, 투쟁은 강경했고 정부는 결국 손을 들었다. 그렇게 하여 국회에서 낙후된 폐광 마을을 지원하기 위한 '폐광지역 개발지원에 관한 특별법'이 통과되었고, 그 법을 근거로 탄생한 국내 유일의 내국인 카지노가 있는 강원랜드가 설립되었다. 1995년 12월에 있었던 일이다.

강원랜드가 들어서면서 사북과 고한은 급격한 변화를 맞이했고, 지금에 이르렀다. 덕분에 사북은 순박한 탄광촌 마을에서 '도박도시'라는 오명까지 얻었고, 카지노가 들어선 초기만 해도 사북 일대엔 시골과는 전혀 어울리지 않는 술집과 전당포 등이 우후죽순 들어서기도 했다.

강원랜드에는 카지노만 있는 게 아니다. 사계절 종합 휴양지를 목표로 하는 강원랜드는 스키장과 골프장을 비롯하여 동시에 7천 명을 수용할 수 있는 워터파크도 순항 중이다. 해발 800m에 위치한 탓에 여름에도 덥지 않은 곳이라 가족 단위 피서객들이 많이 찾는다.

화절령

강원랜드 뒷산인 백운산에 있는 고개인 회절령은 사북에서 영월 중동면으로 넘는 고갯길이다. 해월 최시형이 영월 직동에 머물다 정선 무은담으로 넘어올 때 이용했던 길이다. '꽃꺾이재'라고도 하는 화절령 일대엔 예부터 진달래, 철쭉 등 꽃이 많았다. 고갯길을 넘던 이들이 꽃을 꺾으며 넘었다 하여 화절령이 되었다. 화절령은 전쟁 전에는 빨치산이 토벌대를 피해 넘었고, 구한말에는 동학군과 의병이 관군과 일본군을 피해 넘었던 아픈 역사를 품은 곳이다.

이후 화절령은 1960년대 사북에 탄광이 개발되면서 무연탄을 실어 나르는 길로 활용되었는데, 그 길을 운탄고도라고 한다. 당시만 해도 사북까지 기찻길이 연결되지 않았던 시절이라 동원탄좌에서 캐낸 무연탄은 기차역이 있는 정선군 신동읍 함백역까지 트럭으로 실어 날랐다. 그 길이 지금은 트레킹 코스로 개발되어 많은 이들이 즐겨 찾는 곳이 되었다.

22

사북 아이들의 친구
시인 임길택

지금은 흔적도 없이 사라진 골말이라는 마을에 광부 사택촌이 있었다. 화절령 아래에 있는 마을이며 해발 고도가 800m는 되었다. 1980년대만 해도 수도시설이 없어 급수를 받아야 눈곱이라도 떼고 아침이면 마을 공중화장실 앞에 줄을 서야 했던 골말 사람들.

말이 사택이지 판잣집이나 다름없어 옆집 남자 하품 소리나 아이들 구구단 외는 소리가 이웃까지 다 들렸다. 급하게 지어진 탓에 겨울엔 춥고 여름엔 더워 사람 살 곳은 되지 못했다. 그럼에도 아침이 되면 아이들은 학교로 갔고, 선산부로 일하는 남편이나 후산부로 일하는 아내들은 자신의 근무시간이 되면 도시락을 들고 성냥갑 같은 집을 나섰다.

골짜기에 있는 마을이라는 뜻으로 '골말'로 줄여 부른 그 사택촌에는 어른보다 아이들이 많았다. 놀이터가 따로 있을 리 없는 사택촌이었기에 아이들은 겨울이면 연탄재를 발로 차며 놀았고, 봄이면 화절령에 올라 꽃을 따먹었다. 여름이면 흘린 땀을 씻지 못해 얼룩진 얼굴로 살았고, 가을이면 바람에 날리는 탄가루를 마시며 살았다.

골말은 학교와 상점이 있는 사북 시내에서 보면 까마득히 높아서 특별한 일이 아니면 좀처럼 걸음 하지 않았다. 가파른 언덕이라 자전거를 탈 수도 없고 버스가 다니는 것도 아니어서 다들 걸어다녔다.

광부나 가족이나 마을이나 다 검게 살던 그 골말에 한 소녀가 살았다. 검은 비탈 위에 살던 소녀는 탄가루 풀풀 날리는 길을 걸어 내려와 학교로 갔다. 지금 생각하면 어찌 살았을까 싶었던 시절. 학교가 파하면 소녀는 다시 탄가루 날리는 길을 걸어 집이 있는 검은 언덕을 오르는데, 그러는 사이 마을로 들어가는 관문과도 같은 안경다리를 하루 두 번은 꼭 지나야 했다. 안경다리 옆으로는 갱에서 흘러나온 물이 콸콸 흘렀고, 그 물소리는 연중 검은 물이 흐르는 큰 개울보다는 그나마 시원하게 느껴졌다.

초등학교 3학년 때 1980년 사북항쟁을 겪은 소녀는 이후 동시를 쓰는 담임선생님을 만났다. 선생님은 아이들과 동시 쓰기를 즐겼고, 아이들에게 문학이 뭔지도 알려주었다. 중학교와 고등학교를 졸업한 소녀는 사북을 떠났다. 더 이상 검은 언덕을 오르내리지 않아도 되는 소녀는 바다가 있는 마을로 시집을 갔다. 그리곤 시에 곡을 붙인 노래만 전문으로 부르는 시노래 가수가 되었다.

초등학생 소녀가 만났던 시인은 사북초등학교에 근무했던 교사 시인이자 아동문학가 임길택 선생이었다. 시인이 사북 초등학교에 근무했던 기간은 5년 남짓, 소녀는 시인 선생님을 만난 후 인생이 바뀌었다. 스승처럼 시인이나 교사는 되지 못했지만 시를 노래하는 가수가 된 것이다. 가수가 된 소녀는 스승의 작품 「아버지 걸으시는 길을」을 〈막장〉이라는 제목으로 바꿔 지금도 왕성한 활동을 하며 노래하고 있다.

시인은 생전에 사북 아이들의 이야기를 담은 동시집 몇 권을 출간했다. 이후 시인은 다른 학교로 전근을 갔고 폐암으로 투병 중 1997년 겨울 46세를 일기로 세상을 떴다. 시인은 죽어서도 고향으로 돌아가지 않고 사북이 바라보이는 화암면 두리봉 어우실 산자락에 묻혔다. 시인의 무덤에서 길을 따라 내려오면 시인이 근무했던 학교가 있고, 지금은 사라졌지만 아이들이 살았던 사택촌이 있었다.

　지금 이 시간에도 사북을 내려다보며 지난 시절을 추억하고 있을 임길택 시인. 시인은 떠나고 없지만 시인의 문학세계를 기억하는 이들이 많다. 그들은 시인의 무덤 인근에 소박한 문학비 하나를 세웠고, 매년 시비 앞에서 시인을 추모하는 문학제도 연다.

임길택 시비　모든 것이 검었던 광산 사택촌에서도 아이들은 밝게 자랐다. 초등학교 교사였던 임길택은 사북 아이들에게 시를 알게 해준 고마운 선생님이셨다. 시인은 떠나고 없지만 시인의 문학세계를 기억하는 이들이 많다.

23

정암사
자장율사가 걸었던 길

한때 사북과 함께 대표적인 탄광촌이었던 마을 고한에 관한 이야기는 자장으로부터 시작해야겠다. 수천 년 전에도 고한 땅에 인류가 살았겠지만 내가 아는 한 자장율사(慈藏律師)만큼 고한 땅을 떠들썩하게 밟은 이는 없는 듯하기 때문이다.

자장율사는 누구?
자장의 속성은 김(金)씨로 신라 제일의 귀족 진골 출신이다. 소판(3급의 벼슬) 무림(茂林)의 아들로 그의 아버지는 늦도록 아들이 없자 천수천안 관세음보살상 앞에 나아가 자식을 낳게 해주기를 축원했다.

어머니가 별이 품속으로 들어오는 꿈을 꾸고 임신했으며 부처님 오신 날인 4월 초파일 자장을 낳았다. 이름을 선종(善宗)이라 했다. 일찍 부모를 잃고 전원을 희사하여 영광사(寧光寺)를 만든 뒤 출가했다.

당나라 태종 정관 10년, 신라 선덕여왕 인평(仁平) 3년 병신년(636)에 구법의 길에 올라 당나라로 들어가 종남산 운제사의 원향(圓香)선사를 만난다. 또 자장은 청량산으로 가서 문수보살상에 기도를 올린 후 꿈속에서 문수보살로부터 범어로 된 계송(戒誦)을 받고 가사 1벌과 사리 100여 과와 부처님의 머리뼈, 나뭇잎에 쓴 경 등을 받아 귀국한다.

신라로 돌아온 자장에게 왕은 스님으로서 최고의 지위인 국통(國統)에 임명했다. 황룡사를 창건하고 탑을 세워 부처님을 봉안했으며 부처님의 진신사리를 모신 적멸보궁을 설악산 봉정암을 비롯해 오대산 적멸보궁, 통도사 적멸보궁, 정암사 적멸보궁, 법흥사 적멸보궁, 이렇게 5대 적멸보궁을 창건했다. 자장은 정암사 적조암에서 열반했다고 전해진다.

자장을 만나려면 1400여 년 전인 서기 650년경으로 돌아가야 한다. 자장의 발자취를 찾기 위해 그 시절 자장이 걸었을 길을 되짚는다. 당시 자장이 정암사로 오기 전 머물렀던 절은 수다사(水多寺)다. 수다사는 자장이 창건했다고 알려지나 정암사처럼 부처님 진신사리를 봉안하지는 않았다. 수다사는 지금의 평창군 진부면 수항리에 있었다고 한다. 하지만 그 시절 자장이 머물렀다는 수다사는 흔적도 없다. 절터가 있었을 것이라고 추정되는 곳은 농부의 땅이 된 지 오래되었다.

수다사가 있었던 수항리는 산촌에서 보기 드물게 농토가 넓다. 월정사가 있는 오대산 우통수에서 발원한 오대천이 수항리의 너른 들을 촉촉하게 적셔준 까닭이다. 자장이 수다사에 머물던 어느 날 꿈에 한 스님이 나타났다. 꿈에 나타난 스님은 자장에게 "내일 대송정(大松汀)에서 널 보리라"라고 말하곤 홀연히 사라졌다고 한다.

잠에서 깬 자장은 보통 꿈이 아니라는 생각에 곧장 대송정으로 출발했다. 다음 날 대송정에 도착하니 문수보살이 나타나 "태백산 갈반지(葛盤地)에서 만나자" 하고 연기처럼 사라졌다고 한다.

자장은 문수보살이 사라지자 바랑을 메고 태백산으로 향했다.

숙암계곡을 지나고

자장이 축지법을 써서 이동하지 않았다면 분명 지금의 강원도 정선의 숙암계곡을 지나갔을 것이다. 숙암계곡 길은 요즘 말로 33번 지방도로이다. 1980년대 초만 해도 군사도로로 명맥을 유지하던 길이 평창동계올림픽을 앞두고 터널과 다리가 생기며 곧게 펴졌다. 계곡 길은 구불구불한 맛이 제격인데, 덕분에 길 따라 드라이브 하는 맛은 많이 사라졌다.

자장이 길을 떠났을 때가 어느 시절인지 모르나 숙암계곡은 그제나 이제나 물이 맑아 수달이 살고 있으며 풍경 또한 아름답다. 숙암계곡은 봄이면 수달래가 천변을 수놓고 가을이면 단풍이 온 산을 불태운다. 여름이면 래프팅을 하느라 계곡이 떠들썩하고 눈발이 날리는 겨울이면 한없이 쓸쓸한 곳이 숙암계곡이다.

자장이 태백산의 갈반지를 찾아 나선 때는 아무래도 여름과 가을 무렵일 듯하다. 갈반지란 칡이 많이 모여 있는 곳이라는 뜻이니 그것을 확인하기엔 잎이 무성한 계절이 제격이기 때문이다. 요즘 같은 세월에 숙암계곡을 지나갔으면 래프팅 하는 젊은이들과 함께 노를 저었을지도 모르겠다. 하지만 1400년 전에 그러한 것이 있을 리 만무하고 길은 그저 사람 하나 왕래할 정도의 좁은 길이었을 것이다.

오대천이 흐르는 숙암계곡은 가리왕산과 백석봉이 만들어 낸 계곡이다. 계곡은 또 다른 계곡을 낳는 법. 숙암계곡에도 막동계곡을 비롯해 장전계곡, 단임계곡 등 자연이 만들어 낸 작은 계곡이 많다. 계곡마다 사람이 살고 있었을 테고, 자장은 심심찮게 숙암계곡을 지나갔을 것이다.

오대천이 끝나는 지점인 정선군 북평면 나전리는 남한강 상류와 합수하는 또 다른 아우라지이다. 자장은 이곳 민가에서 목을 축이며 태백산 가는 길을 물었을 것이다. 요즘 같으면 42번 국도를 따라 정선읍으로 가라고 했겠지만 당시만 해도 좌측으로 가면 하슬라(강릉)나 실직(삼척) 가는 길이니 우측으로 난 강변길을 따라 걸으라 말했을 것이다.

정선읍을 지나고

자장은 강변으로 난 길을 걸어 반점재를 넘었다. 정선읍은 연암 박지원의 한문 소설『양반전』의 무대이다. 연암이 정선에 왔었는지는 기록에 남아 있지 않지만 그 시절 연암의 행보를 짐작건대 정선을 방문했던 것은 사실인 것 같다. 소설『양반전』은 양반을 돈으로 사고파는 그 시절의 사회상이 적나라하게 표현되고 있는 풍자소설이다.

정선 읍내에 이른 자장은 배텃거리에서 배를 타고 지금 정선읍 역전마을인 삼봉으로 갔다. 봉우리가 세 개인 삼봉은 아름다운 경치를 자랑하고 있었다.

덕우리를 지나고

자장의 걸음은 다시 33번 지방도를 따라 이어졌다. 정선읍 신월리를 지나 덕우리 삼거리에서 잠시 어느 길로 갈까 고민했다. 덕우리에는 동계팔경 중 하나인 취적옥이 있어 다리쉼을 하기에도 좋았다. 수십 길 깎아 세운 절벽은 자장의 마음까지 시원하게 해준다. 취적옥은 중종반정으로 연산군이 강화도로 유배되면서 그의 아들인 폐세자 이황이 유배를 당한 곳이다. 세자 이황은 취적옥에서 중종반정이 일어난 지 23일 만에 역모 사건에 휘말려 목숨을 잃었다.

쇠재를 넘어 별어곡으로

자장은 동면 화암으로 가는 대신 지름길인 쇠재를 넘었다. 쇠재를 넘으면 선평역이 있는 낙동리가 나오고 동남천을 따라 올라가면 별어곡이 나온다. 별어곡은 한때 문인들이 좋아했던 마을이다. 지명이 '이별하는 골짜기'쯤으로 느껴졌기 때문이다.

　행정지명이 남면인 별어곡은 〈정선아리랑〉의 발상지가 있는 마을이기도 하다. 고려말 개성을 떠난 일곱 충신이 정선으로 왔고 그들은 시인의 시에 등장하는 백이숙제처럼 산나물을 뜯어 먹으며 살았다고 한다. 그들이 불렀다는 아라리는 지금

〈정선아라리〉의 대표적 가사가 되었다.

눈이 오려나 비가 오려나 억수장마 지려나
만수산 검은 구름이 막 몰려든다

　　　　　　　　　　　　－〈정선아리랑〉 가사 중에서

자장이 지나갈 때 그 마을의 지명이 별어곡이었는지는 알
길 없으나, 자장은 별어곡에서 태백산으로 가는 길인 38번 국
도를 따라 증산으로 갔을 것이다.

증산을 거쳐서

증산의 옛 지명은 도원이다. 고구려 때 잉매현이었던 정선은
신라 때 정선군이 되었다가 통일신라 이후 고려 때는 정선군
의 이름이 도원군에서 침봉군으로 바뀌었다가 고려 말 공민왕
2년인 1353년에 다시 정선군이 되었다. 그 사이 읍부도 이곳
저곳으로 떠돌아다녔지만 사북이나 고한 땅에 자리 잡은 적이
한 번도 없을 정도로 이 동네는 좁고 외진 터였다.

증산은 태백선과 정선선이 지나는 곳이지만 고려 때만 해
도 정선군의 소재지였다. 시인들의 시에 자주 등장하는 별어
곡의 행정지명이 무릉리이며, 그때부터 이 지역을 무릉도원

이라 했다.

함백산에 도착한 자장

무릉도원을 지난 자장은 사북을 지나 고한의 함백산으로 갔
다. 전설에 의하면 사북리 불소(佛沼) 위 산정에다 불사리탑을
세우려 했단다. 하지만 탑을 세울 때마다 무너졌고, 자장은
문수보살에게 기도를 올렸다고 한다.

　"이곳이 탑 자리가 정녕 아니면 그 터를 알려주소서."

정암사 일주문 자장율사가 정암사를 창건한 때는 선덕여왕 14년(645년)이다. 정암사(석남
원) 일대가 숲과 골짜기가 해를 적당히 가려주고 멀리 세속의 티끌이 끊어져 정결하기 그지없
는 곳이라 하여 '정암사'라는 이름을 붙였다.

자장의 기도가 끝나자 칡 세 줄기가 뻗으며 고한까지 올라가더니 지금의 수마노탑 자리에 멈추었다. 자장은 그 자리에 부처님의 진신사리를 모신 수마노탑과 적멸보궁을 지었다.

자장이 사북과 고한을 지나간 1400년 전만 해도 이 계곡은 아름다운 풍광을 자랑하고 있었다. 드문드문 사람이 살고 있었을 것이나 계곡물은 발을 담글 수 없을 정도로 찼으며, 물 한 모금을 마신다 해도 전혀 이상하지 않았다.

자장이 지나갔던 사북과 고한은 지금 코로나 여파로 조용하다. 카지노가 있고 골프장과 스키장 등 산촌 휴양시설이 있는 강원랜드 일대에 사람이 없으니 사북과 고한 거리도 고요하다. 사람이 넘치고 자고 나면 건물이 하나씩 생기던 시절과는 사뭇 다른 풍경이라 생경하기까지 하다.

정암사 창건

문수보살께서 태백산에서 만나자고 했지만 전설에 등장하는 태백산은 지금의 정암사가 있는 함백산이다. 함백산은 태백산권에 속해 있으나 높이가 태백산(1567m)보다 함백산(1573m)이 조금 더 높다. 산은 높지만 대한민국에서 차로 오를 수 있는 가장 높은 고개인 만항재가 있어 정상 탐방은 태백산보다 편하다.

아무튼 그 시절 함백산에 도착한 자장은 문수보살이 말한 갈반지를 찾아 헤매다 칡 줄기가 세 갈래로 뻗어 있는 곳을 발견한다. 자장은 '이곳이 문수보살이 말한 곳이구나'라고 생각하고 부처님 진신사리를 봉안한 석남원(정암사)을 지었다.

자장이 정암사(淨岩寺)를 창건한 때는 선덕여왕 14년(645)이다. 당나라에서 문수보살을 친견한 후 부처님 진신사리를 받아온 자장은 양산 통도사를 비롯해 설악산 봉정암, 오대산 상원사, 영월 법흥사 등에 진신사리를 봉안했으며, 우리가 역사에서 배우는 5대 적멸보궁이 된다. 적멸보궁과 본당까지 지은 자장은 석남원 일대가 숲과 골짜기가 해를 적당히 가려주고 멀리 세속의 티끌이 끊어져 정결하기 그지없는 곳이라 하여 '정암사'라는 이름을 붙였다.

24

적조암
자장이 열반하고 동학교도들이 수련했던 곳

아름드리 전나무가 도열해 있는 일주문을 지나 경내로 들어서면 비로소 월정사 말사로 있는 정암사이다. 애초 갈래사(葛來寺)로 불렸었는데, 정암사로 바뀌었다. 정암사가 있는 고한읍에 '갈래'라는 지명이 많은 것도 절 이름 때문이었다. 인근의 갈래초등학교 이름도 그렇게 지어졌다.

일주문 편액 '太白山淨巖寺'라는 글씨는 탄허 스님의 서체라는데, 단아하면서도 백두대간처럼 힘차다. 평일을 맞은 정암사 경내는 고요하다. 발소리조차 미안해 걸음을 옮기기 조심스럽다. 잎을 떨군 나무들은 오백나한처럼 방문객을 말없이 굽어본다. 주변의 풍경은 절집과 절묘한 조화를 이룬다.

정암사라는 절집 이름처럼 고적하다.

극락교 아래로 흐르는 계곡물은 맑고 청아하다. 갈반지를 찾아 헤매던 자장이 목을 축이던 곳, 물속에 어른거리는 내 그림자가 마치 자장이 물을 마시는 듯 보인다. 계곡은 소박하고 무엇보다 물소리가 크지 않아서 좋다. 열목어가 살아 계곡 일대는 천연기념물이 되었다. 열목어는 눈에 열이 많아 차고 맑은 물에만 산다. 한참을 찾아도 열목어는 보이지 않는다. 열반에 든 자장을 찾기 어렵듯 세속의 때가 잔뜩 묻은 방문객에겐 보이지 않는 모양이다.

일제강점기 총독부 감시를 피해 효봉 스님이 수행 정진했던 정암사는 해방 후엔 지월 스님과 서옹 스님의 정진 터이기도 했다. 그래서인지 보궁 순례자들과 문인들의 발걸음이 꾸준하게 이어진다.

극락교를 건너면 선장단이 있다. 선장단에는 나이를 짐작하기 어려울 정도로 주름이 깊게 파인 주목 한 그루가 있다. 자장이 짚고 다니던 지팡이를 꽂아둔 것인데 지팡이에서 움이 트며 나무가 되었다고 한다.

자장의 지팡이라고 전해지는 주목은 오래전 고사했다. 이 나무에 잎이 피면 자장이 다시 태어난다는 전설이 있다. 그런데 신기하게도 죽은 나무 안에 또 하나의 주목나무가 자란다.

그렇게 자란 주목은 어른 키를 훌쩍 넘어 적멸보궁과 키를 같이 한다.

죽은 나무가 움을 틔웠다면 자장이 환생했다는 것 아닌가. 자장은 이승을 떠나며 "석 달 뒤 다시 돌아오마. 몸뚱이를 태우지 말고 기다려라"라고 당부했다. 전설이 사실이라면 자장은 다시 돌아와 열목어가 되었던가, 수마노탑을 지나가는 바람이 되었던가 그도 아니면 보궁을 지키는 주목나무로 환생했을 수도 있겠다. 그래서인가 경내 어디선가 자장의 독경소리가 들리는 듯하다.

정암사엔 대웅전이 따로 없다. 적멸보궁이 곧 대웅전이다. 정암사의 적멸보궁은 소박해서 좋다. 군데군데 벗겨진 단청을 보는 것만으로도 방문객의 긴장은 풀어진다. 보궁 안에는 여느 절집처럼 부처님을 모시지 않았다. 보궁 뒷산에 있는 수마노탑에 부처님의 진신사리를 모셨기 때문이다. 보궁 안에서 참배를 하는 보살님 두 분을 만났다. 한 분은 불경을 읽고 있고 한 분은 천 배를 하는 듯 옷이 땀으로 젖어 있다.

보궁을 나와 경내를 거닌다. 시간을 보니 때마침 점심 공양 시간이다. 공양간을 찾아가 한 그릇을 청한다. 준비된 반찬 중엔 짜장도 있다. 뜻밖이라는 생각에 "특별식인가요?"라고 여쭈니 간혹 준비하는 메뉴란다. 짜장뿐 아니라 카레를 준비하는 날도 있다고 말한다. 물론 기름진 고기는 쓰지 않는다. 옆자리에서 공양을 하던 보살님께서 "공양간에선 공양주 보살님이 왕입니다"라고 방문객의 어설픈 의문을 확실하게 정리한다.

공양을 끝내자 마음씨 좋은 보살님께서 숭늉을 내놓는다. 숭늉 한 사발에 전날 먹은 알콜과 기름기가 말끔하게 씻긴다. 설거지를 하려니 그냥 두란다. 보살행이 따로 없다. 공양간을 나와 수마노탑으로 향한다.

정암사 적멸보궁 자장율사가 지은 부처님의 진신사리를 모신 5대 적멸보궁은 설악산 봉정암 적멸보궁. 오대산 적멸보궁. 통도사 적멸보궁. 정암사 적멸보궁. 법흥사 적멸보궁이다.

수마노탑

수마노탑으로 오르는 길은 전나무향이 사철 은은하다. 여행
자들이 놓고 간 소박한 돌탑들을 지나면 돌계단이 나타난다.
돌계단이지만 자연스럽게 놓인 탓에 힘들지도 지루하지도 않
다. 계단을 오르며 '내가 이곳엔 왜 왔을까?'라는 생각을 하다
보면 세속의 허물이 한 꺼풀씩 벗겨지고, 이마에 땀이 맺힐 즈
음이 되면 수마노탑에 이른다.

그동안 보물이었던 수마노탑은 2020년 국보 제332호로
승격 지정되었다. 정선에서는 최초로 국보가 된 수마노탑은
탑이 귀한 정선지방에서 유일한 신라시대 모전 석탑이다. 탑
심에는 부처님의 사리와 불지절(佛指節), 염주, 패엽경을 함께
봉안하였다. 그러나 실제로는 부처님의 사리가 어디에 있는
지 아무도 모른다. 탑을 만든 마노석은 서해 용왕이 자장의 불
도에 감화하여 하사한 것이라 하니 여행자는 그렇게 믿는다.

수마노탑 아래로 정암사가 한눈에 보이고 급격하게 변한
고한과 사북이 눈언저리에 들어온다. 환락의 땅을 바라보는
부처님은 오늘도 말이 없다. 바람이 지나가자 탑에 매달린 풍
경이 언제나 '하심'이라는 부처님 말씀을 대신 전한다. 탑돌이
를 하는 이들을 따라 몇 바퀴를 돈다. 소원을 빌어야 하지만
딱히 빌어야 할 소원이 없다. 벌써 욕심이 비워진 것인가.

수마노탑 보물이었던 수마노탑은 2020년 국보 제332호로 승격 지정되었다. 정선에선 최초로 국보가 된 수마노탑은 탑이 귀한 정선지방에서 유일한 신라시대 모전석탑이다.

정암사를 나와 적조암으로 간다. 적조암은 자장이 열반한 장소로 알려진 곳이다. 일설에는 정암사에서 열반하였다는 이야기도 있으나 그 역시 확인 불가인 탓에 적조암을 열반터로 믿는 게 좋겠다.

함백산 중턱에 있는 적조암에 가려면 두 개의 길이 있다. 근래 조성된 자장율사 순례길을 따라 적조암으로 가는 방법과 포장길을 따라 만항마을 방향으로 이동하여 적조암으로 가는 방법이 있다. 자장율사 순례길은 처음 길을 조성할 때는 자장율사 열반길이었다. 허나 열반이라는 어감이 일반인에게 '죽음의 길' 정도로 해석되어 순례길로 고쳤다.

순례길은 로프를 잡고 올라야 할 정도로 급경사가 있어 등산할 작정이 아니면 들어서지 않는 게 좋고, 적조암만을 목표로 한다면 그나마 편안한 길을 선택하는 게 좋다. 나는 승용차로 이동하므로 포장길을 따라가기로 한다. 승용차로 몇 분 가다가 보면 함백산 등산로와 적조암 가는 길임을 알리는 간판과 작은 이정표가 있다.

이정표 근처에 차를 세우고 산길을 30여 분 오르면 적조암이 있다. 산길은 산책 코스처럼 편안하다. 조금 걷다 보면 계곡물은 길 아래로 흐른다. 졸졸 흐르는 물소리를 들으며 걷는 재미가 그만이다.

열반을 앞둔 자장이 걸었던 길이다. 통일 신라국의 불국토를 강원도까지 넓힌 자장의 걸음이었다. 그의 이야기는 전설이 된 지 오래지만 1400년 전쯤 그가 걸었던 길을 따라 걸으며 번뇌 하나를 산길에 버린다. 버려도 버려도 끊임없이 생겨나는 번뇌는 어깨에 진 짐처럼 무겁다.

동학교도 수련장으로도 쓰여

이 길은 또 1873년 10월 이후부터 해월 최시형과 동학교도들도 걸었다. 동학 도인들이 부르던 이 산의 이름은 태백산도 함백산도 아닌 갈래산 적조암. 그들은 비밀리에 적조암을 찾아 수련을 했고, 수련을 이끈 이는 해월 최시형이다. 해월은 적조암에서 동학을 완성했고, 정선 사람들에게 전파했다.

적조암에 오르는 동안 사람의 모습이라고는 보이지 않는다. 길을 잘못 들었나 싶어 주변을 둘러보지만 다른 길은 보이지 않는다. 비밀스럽게 걸었던 동학인들의 길을 따라 여행자는 계속 올라간다. 이마에 땀이 송글송글 맺혀 겉옷 하나를 벗어들었다.

적막한 산길을 조금 더 오르니 집 몇 채가 보인다. 근데 생각했던 암자의 모습은 아니다. 산 속에서 만난 조립식 건물이 생경스럽다. 이곳이 적조암이란 말인가. 의아한 생각을 품고 건물로 가본다.

불쑥 나타난 방문객을 반긴 건 잎을 떨군 자작나무와 허공을 가로지르는 새들뿐이다. 실례를 무릅쓰고 집 안을 기웃거린다. 잠시 후 스님 한 분이 산길을 내려온다. 스님이 합장을 하며 "어쩐 일로 오셨는지요?"라고 묻는다.

"적조암을 찾아왔습니다."

"그렇다면 제대로 오신 겁니다."

"여기가 적조암이라는 말씀인가요?"

"예, 그렇습니다."

스님의 말에 순간 당황했다. 작고 오래된 암자 하나가 자연의 일부처럼 자리 잡고 있으리라고 생각했다. 스님이 말한 적조암엔 암자는커녕 주변과 어울리지 않는 푸른 조립식 건물만 덩그렇게 있다. 눈이 잘못됐나 싶어 몇 번이고 비벼본다. 방문객이 스님께 다시 묻는다.

"이곳이 자장율사께서 열반에 든 적조암이라는 거죠?"

"예, 맞습니다."

스님의 음성이 확신에 차 있다. 스님이 말을 잇는다.

"적조암이라는 암자는 애초부터 없었다고 합니다. 이곳 전체가 열반 터이기 때문에 굳이 암자를 지을 필요가 없었던 것

같습니다. 그러하니 자장율사께서 열반하신 자리가 적조암인 셈이지요."

스님이 자장율사가 열반했다는 터로 안내한다. 양쪽으로 물줄기가 있는데 가운데 땅이 자장율사의 열반 터라고 한다. 함백산에서 이만큼 좋은 명당 터가 없다는 말도 덧붙인다. 여행객은 자장이 열반에 들었다는 곳으로 가본다. 구상나무가 시야를 가리긴 했지만 당시만 해도 산 아래가 시원하게 펼쳐졌을 곳이라 명당 터처럼 보였다.

해월 최시형이 정선의 도인들과 49일간 수련을 했다는 장소도 결국은 자장이 열반했다는 곳이라는 거였다. 암자도 없는 이곳에서 그들은 대체 어디에서 49일간 숙식과 수련을 했을지, 아무리 살펴도 비밀스러웠을 그들의 행적은 짐작되지 않았다.

"자장율사의 유골함이 만항재에 있다고 들었습니다만."

"광산이 들어서면서 흔적도 찾을 수 없습니다."

"아니, 어쩌다……."

허탈했다. 당대 고승 자장의 유골함이 흔적도 없이 사라졌다는 게 말이 되나 싶었다. 만항마을에 탄광이 들어선 게 1950년대 중반의 일인데, 그 사이 자장의 유골함을 챙기지 못했다는 것도 이상하고 탄광업자들이 자장의 유골함이 묻혀 있는 곳을 무단으로 파헤쳤다는 것도 이해가 되지 않았다. 그렇게 생각하자니 자장의 열반 이야기가 어디까지 사실이고, 어디까지가 전설인지 혼란스러웠다.

자장이 지었다는 창건 설화가 곳곳에 산재하지만 열반 터로 알려진 곳은 적조암뿐이다. 그런데 이곳에서조차 그 사실을 입증하기란 쉽지 않았다. 안내판이나 표지석 하나 없는 열반 터라니, 자장이 그렇게 소홀히 대접받아도 되는 인물이었던가.

스님은 앞으로 적조암을 역사성에 걸맞은 규모로 창건할 계획이라며 암자가 들어설 자리로 안내한다. 따라가니 자장 율사께서 열반한 터에서 조금 떨어진 곳이다. 스님이 안내한 장소엔 건축자재가 쌓여 있고 기와 불사도 진행 중인데, 창건은 언제 될지 알 수 없다고 했다. 하긴 적조암으로 오르는 길이 가파른 데다 도보용 길이라 자재를 운반하는 게 쉽진 않아 보이긴 했다.

적조암에 오래 지체했다. 자장이 묻혀 있었다는 그곳, 만항에 가보고 싶었다. 스님과 작별하고 서둘러 만항으로 갔다.

25

함백산 만항재

차로 넘을 수 있는 가장 높은 고개

만항재는 우리나라에서 포장도로를 이용해 차로 넘을 수 있는 가장 높은 고개다. 함백산 만항재는 그 높이가 해발 1330m나 된다. 만항재에서 함백산 정상은 눈앞에 보인다. 차량으로 정상까지 오르는 길이 있지만 만항재에서 포장된 길을 따라 걷는 게 좋다. 살아서 천 년, 죽어서 천 년을 간다는 주목은 걸을 때만 만날 수 있기 때문이다. 만항재에서 정상까지는 걸어서 40분이면 넉넉하고, 정상에 오르면 태백산이 옆 산처럼 가깝게 보이고 멀리로는 경북 영양의 일월산까지 조망할 수 있다.

안개가 끼는 날이면 산 아래로 깔린 운무가 환상이며, 단풍이 붉게 타는 가을이면 온 산이 불구덩이 속에 들어와 있

함백산 만항재 만항재에서 고개를 넘으면 태백과 영월로 갈라지는 길이 있어 사방으로 연결된다. 만항재는 역사적으로 동학군이 넘었고, 의병이 넘었던 길이다. 이제는 여름철 피서지가 되어 야생화 축제가 열리고 별을 육안으로 관측하기에 참 좋은 곳이다.

는 듯한 착각이 들 정도로 아름답다. 눈 덮인 겨울 함백산은 또 어떠했던가. 화려했던 여름꽃이나 붉게 타는 가을 단풍보다는 담백하지만 순백이 만들어 낸 눈꽃과 상고대는 겨울 여행의 진미를 맛보게 하기에 충분하다. 겨울 함백에 서 있으면 우리네 인간도 살아서든 죽어서든 주목과 같이 천 년 정도 살고 싶은 욕구가 스멀거린다. 은대봉과 금대봉을 거느린 함백산에서 자장과 해월이 정암사와 적조암으로 걸음 했던 이유를 조금이라도 이해했다면 여행은 성공적이다.

만항재에서 고개를 넘으면 태백과 영월로 갈라지는 길이 있어 사방으로 연결된다. 만항재는 역사적으로 동학군이 넘었고, 의병이 넘었고, 해방 후엔 남으로 북으로 오르내리던 빨치산의 이동로였다. 세상을 바꾸려 했던 이들이 발소리 죽여가며 넘나들었던 만항재는 이제 여름철 피서지가 되었고, 야생화 축제가 열릴 만큼 봄부터 가을까지 온갖 종류의 야생화가 때때로 만발한다. 또한 별을 육안으로 관측하기에 만항재만큼 좋은 곳도 없어 만항의 밤은 별천지다.

세상의 모든 별은 만항에서 뜬다

만항재 정상에서 자장의 유골함이 묻혀 있다는 석혈중(石穴中)을 찾아본다. 스님의 말대로 자장율사의 사리가 모셔진 터

함백산 만항재 설경

는 폐허가 된 지 오래다. 바람만 헛되게 부는 만항재에서 자장을 소리쳐 불러본다. 자장의 전설을 품고 있는 함백산은 메아리만 만들 뿐 답이 없다. 쓸쓸해진 여행객은 자장이 그랬듯 만항재를 이리저리 배회하다 차에 오른다.

만항,
그곳에 가면 네가 있을 것만 같았다
바람에 부서지는 나무 등걸과 계곡 사이로 스며드는
따스한 햇살들

만항, 그곳에 가면 꼭 네가 있을 것만 같았다

그곳,
만항으로 가기 전날 밤
나는 바람 속으로 망명하는 꿈을 꾸었다

나는 만항재에서 정암사로 이르는 골짜기를
자장과 함께 바람이 되어
붉은 낙엽이 되어
찾아 헤매었지만 너를 만나지는 못했다

태백으로

사북으로

다시 집으로 돌아왔을 때에야

밤새 내린 하얀 눈꽃이

서럽도록 그리운

너의 얼굴을 덮어주었다는 사실을 알아차렸다

– 강기희 시 「만항재에서」

　잔설이 쌓인 만항재는 더 이상 버릴 것이 없다는 듯 홀가분하다. 감출 것도 뽐낼 것도 없는 만항에서는 나그네의 삶도 바람결처럼 가볍다. 어둠이 내려 서러운 별들이 뜨기 전에 떠나온 곳으로 돌아가야 한다. 가자, 정선으로. 봄꽃이 피는 날 다시 오자.

정선 연표

3만 7천년 전
정선 매둔동굴에서
구석기시대 유물
유적 출토

668
고구려
보장왕 27년,
잉매현(산세와
물이 좋은 고장)
이라 불림

940
고려
태조 23년
삼봉군으로
승격

왕건을 도와
고려 건국의
공훈을 세운
전이갑, 전의갑,
전락 삼형제가
태어난 곳

1291
고려
충렬왕 17년
도원군으로
바뀜

1353
고려
공민왕 2년
지금의
정선군(旌善郡)
으로 환원

1506
중종반정으로
연산군의 세자
이황이 덕우리
취적옥에
위리안치됨

1894
동학농민운동
일어남

645
신라
선덕여왕 시기에
자장율사가
정암사에
적멸보궁을
세움

757
신라
경덕왕 16년
명주군
정선현으로
바뀜

1018
고려
현종 9년
주진군으로
바뀜

1392
조선 초기부터
〈정선아리랑〉으로
유명
정선이 중앙에
바치는 공물엔
유독 약재가
많음

1872
동학 2대 교주
최시형이
무은담에서
동학 재건

이후 정선은 동학
전파와 발전의
중심이 됨

1310
고려
충선왕 2년
침봉군으로 바뀜

1896
13도제 실시로
다시 강원도
정선군이 됨

1980 ^{4월}
사북항쟁

1980년대 후반
정선약초시장이
값싼 중국산으로
위기를 겪음

이후 중국산의
폐해가 널리
알려지자
약초시장은 다시
활기를 찾음

1999
정선아리랑열차
운행 시작

기울어 가던 정선의
실물경기에 새로운
돌파구를 염

1966
사북역 개통

석탄산업 발전의
시작

1985
사북을 중심으로
탄광산업 활기

사북읍이
분할되어 고한읍과
사북읍으로 분읍
승격

1990년대

1930
정선의 금광에서
노다지를 캐기
위해 각지에서
모여듦

1973
석탄산업 호황

정선면과 동면
사북출장소가
각각 읍으로
승격

1988
1988년부터
추진된 석탄산업
합리화 정책으로
정선 일대 탄광
폐업 시작됨

정선의 경기도
사양길로 접어듦

1995
3월에
사북·고한·태백
등지의 탄광촌
주민들이 생존권
투쟁을 벌임

12월에 '폐광지역
개발지원에 관한
특별법' 통과

강원랜드 설립
계획됨

2009
동면을
화암면으로
북면을
여량면으로
개칭

1895
강릉부 정선군이
충주부 정선군이 됨

1967
정선선 기차 개통

대한민국 도슨트 **10**

정선

1판 1쇄 인쇄 2023년 6월 20일
1판 1쇄 발행 2023년 6월 27일

지은이 강기희
펴낸이 김영곤
펴낸곳 ㈜북이십일

문학팀 김지연 원보람
출판마케팅영업본부장 민안기
마케팅2팀 나은경 정유진 박보미 백다희
출판영업팀 최명열 김다운
제작팀 이영민 권경민
디자인 씨오디

출판등록 2000년 5월 6일 제406-2003-061호
주소 (10881) 경기도 파주시 회동길 201(문발동)
대표전화 031-955-2100 팩스 031-955-2177 이메일 book21@book21.co.kr

(주)북이십일 경계를 허무는 콘텐츠 리더

대한민국 도슨트 채널에서 도서 정보와 다양한 영상자료, 이벤트를 만나보세요!
포스트 post.naver.com/travelstudy21
인스타그램 www.instagram.com/k_docent

ISBN 978-89-509-5490-1 04900
       978-89-509-8258-4 (세트)